हिन्द स्वराज

मोहनदास करमचंद गांधी

हिन्द स्वराज

मोहनदास करमचंद गांधी

अनुवाद

अमृतलाल ठाकोरदास नाणावटी

वाणी प्रकाशन

प्रकाशन के उत्कृष्टतम 61 वर्ष

vaniprakashan.com

सजिल्द प्रथम संस्करण : 2024

वाणी प्रकाशन

4695, 21-ए, दरियागंज, नयी दिल्ली-110 002

फ़ोन : +91 11 23273167, 23275710

शाखाएँ

अशोक राजपथ, पटना-800 004, बिहार

कॉफ़ी हाउस कैम्पस, महात्मा गांधी मार्ग, प्रयागराज-211 001, उत्तर प्रदेश

महात्मा गांधी अन्तरराष्ट्रीय हिन्दी विश्वविद्यालय, वर्धा-442 001, महाराष्ट्र

36/ए, शेक्सपियर सरणी, रानी बिरला गर्ल्स कॉलेज के पास, कोलकाता-700 017, प. बंगाल

sales@vaniprakashan.in

vaniprakashan@gmail.com

Hind Swaraj

by Mohandas Karamchand Gandhi

Translated by Amritlal Thakordas Nanavati

ISBN : 978-93-6287-028-5

Sociology

मूल्य : ₹ 550

आर. टेक ऑफ़सेट प्रिंटर्स, दिल्ली-110 032 में मुद्रित

वाणी प्रकाशन का लोगो मक़बूल फ़िदा हुसेन की कूची से

"यह किताब द्वेषधर्म की जगह प्रेमधर्म सिखाती है;
हिंसा की जगह आत्म-बलिदान को रखती है;
पशुबल से टक्कर लेने के लिए आत्मबल को खड़ा करती है।"

अनूक्रम

प्रस्तावना

इस विषय {मसला} पर मैंने जो बीस अध्याय {बाब} लिखे हैं, उन्हें पाठकों के सामने रखने की मैं हिम्मत करता हूँ।

जब मुझसे रहा हीं नहीं गया तभी मैंने यह लिखा है। बहुत पढ़ा, बहुत सोचा। विलायत में ट्रान्सवाल डेप्युटेशन के साथ मैं चार माह रहा, उस बीच हो सका उतने हिन्दुस्तानियों के साथ मैंने सोच-विचार किया, हो सका उतने अंग्रेज़ों से भी मैं मिला। अपने जो विचार मुझे आख़िरी मालूम हुए, उन्हें पाठकों के सामने रखना मैंने अपना फ़र्ज़ समझा।

इण्डियन ओपीनियन के गुजराती ग्राहक़ आठ सौ के करीब हैं। हर ग्राहक़ के पीछे कम से कम दस आदमी दिलचस्पी से यह अख़बार पढ़ते हैं, ऐसा मैंने महसूस किया है। जो गुजराती नहीं जानते, वे दूसरों से पढ़वाते हैं। इन भाइयों ने हिन्दुस्तान की हालत के बारे में मुझसे बहुत सवाल किये हैं। एसे हीं सवाल मुझसे विलायत में किये गये थे। इसलिए मुझे लगा कि जो विचार मैंने यों खानगी में बताये, उन्हें सबके सामने रखना गलत नहीं होगा।

जो विचार यहाँ रखे गये हैं, वे मेरे हैं और मेरे नहीं भी हैं। वे मेरे हैं, क्योंकि उनके मुताबिक बरतने की मैं उम्मीद रखता हूँ; वे मेरी आत्मा में गढ़े-जड़े हुए जैसे हैं। वे मेरे नहीं हैं, क्योंकि सिर्फ़ मैंने हीं उन्हें सोचा हो सो बात नहीं। कुछ किताबें पढ़ने के बाद वे बने हैं। दिल में भीतर हीं भीतर मैं जो महसूस करता था, उसका इन किताबों ने समर्थन {ताईद} किया।

यह साबित करने की ज़रूरत नहीं कि जो विचार मैं पाठकों के सामने रखता हूँ, वे हिन्दुस्तान में जिन पर (पश्चिमी) सभ्यता की धुन सवार नहीं हुई है एसे बहुतेरे हिन्दुस्तानियों के हैं। लेकिन यही विचार यूरोप के हज़ारों लोगों के हैं, यह मैं अपने पाठकों के मन में अपने सबूतों से ही जंचाना चाहता हूँ। जिसे इसकी खोज करनी

हो, जिसे एसी फ़ुरसत हो, वह आदमी वे किताबें देख सकता है। अपनी फ़ुरसत से उन किताबों में से कुछ न कुछ पाठकों के सामने रखने की मेरी उम्मीद है।

इण्डियन ओपीनियन के पाठकों या औरों के मन में मेरे लेख पढ़ कर जो विचार आये, उन्हें अगर वे मुझे बतायेंगे तो मैं उनका आभारी रहूँगा।

उद्‌देश्य सिर्फ़ देश की सेवा करने का और सत्य की खोज करने का और उसके मुताबिक बरतने का है। इसलिए अगर मेरे विचार गलत साबित हों, तो उन्हें पकड़ रखने का मेरा आग्रह नहीं है। अगर वे सच साबित हों तो दूसरे लोग भी उनके मुताबिक बरतें, एसी देश के भले के लिए साधारण तौर पर मेरी भावना रहेगी।

सुमीते के लिए लेखों को पाठक और संपादक के बीच के सम्वाद का रूप दिया गया है।

किलडोनन कॅसल **मोहनदास करमचंद गांधी**

22-11-1909

1. कांग्रेस और उसके कर्ता-धर्ता

पाठक : आजकल हिन्दुस्तान में स्वराज्य की हवा चल रही है। सब हिन्दुस्तानी आजाद होने के लिए तरस रहें हैं। दक्षिण अफ्रीका में भी वही जोश दिखाई दे रहा है। हिन्दुस्तानियों में अपने हक़ पाने की बड़ी हिम्मत आई हुई मालूम होती है। इस बारे में क्या आप अपने ख़याल बतायेंगे?

सम्पादक : आपने सवाल ठीक पूछा है। लेकिन इसका जवाब देना आसान बात नहीं है। अख़बार का एक काम तो है लोगों की भावनायें जानना और उन्हें ज़ाहिर करना; दूसरा काम है लोगों में अमुक ज़रूरी भावनायें पैदा करना; और तीसरा काम है लोगों में दोष हों तो चाहे जितनी मुसीबतें आने पर भी बेधड़क होकर उन्हें दिखाना। आपके सवाल का जवाब देने में ये तीनों काम साथ-साथ आ जाते हैं। लोगों की भावनायें कुछ हद तक बतानी होंगी, न हों वैसी भावनायें उनमें पैदा करने की कोशिश करनी होगी और उनके दोषों की निन्दा भी करनी होगी। फिर भी आपने सवाल किया है, इसलिए उसका जवाब देना मेरा फ़र्ज़ मालूम होता है।

पाठक : क्या स्वराज्य की भावना हिन्द में पैदा हुई आप देखते हैं?

सम्पादक : वह तो जब से नेशनल कांग्रेस कायम हुई तभी से देखने में आई है। 'नेशनल' शब्द का अर्थ हीं वही विचार ज़ाहिर करता है।

पाठक : यह तो आपने ठीक नहीं कहा। नौजवान हिन्दुस्तानी आज कांग्रेस की परवाह हीं नहीं करते। वे तो उसे अंग्रेज़ों का राज्य निभाने का साधन {औज़ार, ज़रिया} मानते हैं।

सम्पादक : नौजवानों का एसा ख़याल ठीक नहीं है। हिन्द के दादा दादाभाई नौरोजी ने जमीन तैयार नहीं की होती, तो नौजवान आज जो बातें कर रहें हैं वह भी नहीं कर पाते। मि. ह्यूम ने जो लेख लिखे, जो फटकारें हमें सुनाई, जिस जोश से हमें जगाया, उसे कैसे भुलाया जाय? सर विलियम वेडरबर्न ने कांग्रेस का मक़सद हासिल करने के लिए अपना तन, मन और धन सब दे दिया था। उन्होंने अंग्रेज़ी

राज्य के बारे में जो लेख लिखे हैं, वे आज भी पढ़ने लायक हैं। प्रोफेसर गोखले ने जनता को तैयार करने के लिए, भिखारी के जैसी हालत में रहक़र, अपने बीस साल दिये हैं। आज भी वे गरीबी में रहते हैं। मरहूम जस्टिस बदरूद्दीन ने भी कांग्रेस के जरिये स्वराज्य का बीज बोया था। यों बंगाल, मद्रास, पंजाब वगैरा में कांग्रेस का और हिन्द का भला चाहने वाले कई हिन्दुस्तानी और अंग्रेज़ लोग हो गये हैं, यह याद रखना चाहिए।

पाठक : ठहरिए, ठहरिए। आप तो बहुत आगे बढ़ गये। मेरा सवाल कुछ है और आप जवाब कुछ और दे रहें हैं। मैं स्वराज्य की बात करता हूँ और आप परराज्य की बात करते हैं। मुझे अंग्रेज़ों का नाम तक नहीं चाहिए और आप तो अंग्रेज़ों का नाम देने लगे। इस तरह तो हमारी गाड़ी राह पर आये, एसा नहीं दिखता। मुझे तो स्वराज्य की हीं बातें अच्छी लगती हैं। दूसरी मीठी सयानी बातों से मुझे सन्तोष नहीं होगा।

सम्पादक : आप अधीर हो गये हैं। मैं अधीरपन बरदाश्त नहीं कर सकता। आप ज़रा सब्र करेंगे तो आपको जो चाहिए वही मिलेगा। 'उतावली से आम नहीं पकते, दाल नहीं चुरती'

–यह कहावत याद रखिए। आपने मुझे रोका और आपको हिन्द पर उपकार करनेवालों की बात भी सुननी अच्छी नहीं लगती, यह बताता है कि अभी आपके लिए स्वराज्य दूर है। आपके जैसे बहुत से हिन्दुस्तानी हों, तो हम (स्वराज्य से) दूर हट कर पिछड़ जायेंगे। वह बात ज़रा सोचने लायक है।

पाठक : मुझे तो लगता है कि ये गोल-मोल बातें बनाकर आप मेरे सवाल का जवाब उड़ा देना चाहते हैं। आप जिन्हें हिन्दुस्तान पर उपकार करनेवाले मानते हैं, उन्हें मैं एसा नहीं मानता; फिर मुझे किसके उपकार की बात सुननी है? आप जिन्हें हिन्द के दादा कहते हैं, उन्होंने क्या उपकार किया? वे तो कहते हैं कि अंग्रेज़ राजकर्ता न्याय करेंगे और उनसे हमें हिलमिल कर रहना चाहिए।

सम्पादक : मुझे सविनय {अदब से} आपसे कहना चाहिए कि उस पुरूष के बारे में आपका बेअदबी से यों बोलना हमारे लिए शरम की बात है। उनके कामों की ओर देखिए। उन्होंने अपना जीवन हिन्द को अर्पण {नज़र} कर दिया है। उनसे यह सबक हमने सीखा। हिन्द का ख़ून अंग्रेज़ों ने चूस लिया है, यह सिखानेवाले माननीय दादाभाई हैं। आज उन्हें अंग्रेज़ों पर भरोसा है उससे क्या? हम जवानी के जोश में एक कदम आगे रखते हैं, इससे कया दादाभाई कम पूज्य हो जाते हैं? इससे

क्या हम ज़्यादा ज्ञानी हो गये? जिस सीढ़ी से हम ऊपर चढ़े उसको लात न मारने में हीं बुद्धिमानी {अक़्लमंदी} है। अगर वह सीढ़ी निकाल दें तो सारी निसैनी गिर जाय, यह हमें याद रखना चाहिए। हम बचपन से जवानी में आते हैं तब बचपन से नफ़रत नहीं करते, बल्कि उन दिनों को प्यार से याद करते हैं। बरसों तक अगर मुझे कोई पढ़ाता है और उससे मेरी जानकारी ज़रा बढ़ जाती है, तो इससे मैं अपने शिक्षक {उस्ताद} से ज़्यादा ज्ञानी नहीं माना जाऊँगा; अपने शिक्षक को तो मुझे मान {इज़्ज़त} देना हीं पड़ेगा। इसी तरह हिन्द के दादा के बारे में समझना चाहिए। उनके पीछे (सारी) हिन्दुस्तानी जनता है, यह तो हमें कहना हीं पड़ेगा।

पाठक : यह आपने ठीक कहा। दादाभाई नौरोजी की इज़्ज़त करना चाहिए, यह तो समझ सकते हैं। उन्होंने और उनके जैसे दूसरे पुरूषों ने जो काम किये हैं, उनके बगैर हम आज का जोश महसूस नहीं कर पाते, यह बात ठीक लगती है। लेकिन यही बात प्रोफेसर गोखले साहब के बारे में हम कैसे मान सकते हैं? वे तो अंग्रेज़ों के बड़े भाईबंद बन कर बैठे हैं; वे तो कहते हैं कि अंग्रेज़ों से हमें बहुत कुछ सीखना है। अंग्रेजों की राजनीति से हम वाकिफ हो जायें, तभी स्वराज्य की बातचीत की जाय। उन साहब के भाषणों से तो मैं ऊब गया हूँ।

सम्पादक : आप ऊब गये हैं, यह दिखाता है कि आपका मिज़ाज उतावला है। लेकिन जो नौजवान अपने माँ-बाप के ठंडे मिज़ाज से ऊब जाते हैं और वे (मां-बाप) अगर अपने साथ न दौड़ें तो गुस्सा होते हैं, वे अपने मां-बाप का अनादर {बेअदबी} करते हैं एसा हम समझते हैं। प्रोफेसर गोखले के बारे में भी एसा हीं समझना चाहिए। क्या हुआ अगर प्रोफेसर गोखले हमारे साथ नहीं दौड़ते हैं? स्वराज्य भुगतने की इच्छा रखनेवाली प्रजा अपने बुजुर्गों का तिरस्कार {बेइज़्ज़ती, नफ़रत} नहीं कर सकतीं। अगर दूसरे की इज़्ज़त करने की आदत हम खो बैठे, तो हम निकम्मे हो जायेंगे। जो प्रौढ़ {पुख्ता} और तजरबेकार हैं, वे हीं स्वराज्य भुगत सकते हैं, न कि बे-लगाम लोग। और देखिए कि जब प्रोफेसर गोखले ने हिन्दुस्तान की शिक्षा (तालीम) के लिए त्याग किया तब एसे कितने हिन्दुस्तानी थे? मैं तो ख़ास तौर पर मानता हूँ कि प्रोफेसर गोखले जो कुछ भी करते हैं वह शुद्ध भाव से और हिन्दुस्तान का हित मानकर करते हैं। हिन्द के लिए अगर अपनी जान भी देनी पड़े तो वे दे देंगे, एसी हिन्द के लिए उनकी भक्ति है। वे जो कुछ कहते हैं वह किसी की ख़ुशामद

करने के लिए नहीं, बल्कि सही मानकर कहते हैं। इसलिए हमारे मन में उनके लिए पूज्य भाव होना चाहिए।

पाठक : तो क्या वे साहब जो कहते हैं उसके मुताबिक हमें भी करना चाहिए?

सम्पादक : मैं एसा कुछ नहीं कहता। अगर हम शुद्ध बुद्धि से अलग राय रखते हैं, तो उस राय के मुताबिक चलने की सलाह ख़ुद प्रोफेसर साहब हमें देंगे। हमारा मुख्य काम तो यह है कि हम उनके कामों की निन्दा न करें; हमसे वे महान हैं एसा माने और यक़ीन रखें कि उनके मुकाबले में हमने हिन्द के लिए कुछ भी नहीं किया है। उनके बारे में कुछ अख़बार जो अशिष्टतापूर्वक {बेअदबी से} लिखते हैं उसकी हमें निन्दा करनी चाहिए और प्रोफेसर गोखले जैसो को हमें स्वराज्य के स्तंभ {खंभ} मानना चाहिए। उनके ख़याल गलत और हमारे हीं सही हैं, या हमारे ख़यालों के मुताबिक न बरतनेवाले देश के दुश्मन हैं, एसा मान लेना बुरी भावना है।

पाठक : आप जो कुछ कहते हैं वह अब मेरी समझ में कुछ आता है। फिर भी मुझे उसके बारे में सोचना होगा। पर मि. ह्यूम, सर विलियम वेडरबर्न वगैरा के बारे में आपने जो कहा उसमें तो हद हो गई।

सम्पादक : जो नियम हिन्दुस्तानियों के बारे में है, वही अंग्रेज़ों के बारे में समझना चाहिए। सारे के सारे अंग्रेज़ बुरे हैं, एसा तो मैं नहीं मानूँगा। बहुत से अंग्रेज चाहते हैं कि हिन्दुस्तान को स्वराज्य मिले। उस प्रजा में स्वार्थ ज़्यादा है यह ठीक है, लेकिन उससे हर एक अंग्रेज़ बुरा है एसा साबित नहीं होता। जो हक़-न्याय {इन्साफ़}-चाहते हैं, उन्हें सबके साथ न्याय करना होगा। सर विलियम हिन्दुस्तान का बुरा चाहनेवाले नहीं हैं, इतना हमारे लिए काफ़ी है। ज्यों ज्यों हम आगे बढ़ेंगे त्यों त्यों आप देखेंगे कि अगर हम न्याय की भावना से काम लेंगे, तो हिन्दुस्तान का छुटकारा जल्दी होगा। आप यह भी देखेंगे कि अगर हम तमाम अंग्रेज़ों से द्वेष {नफ़रत} करेंगे, तो उससे स्वराज्य दूर हीं जानेवाला है; लेकिन अगर उनके साथ भी न्याय करेंगे, तो स्वराज्य के लिए हमें उनकी मदद मिलेगी।

पाठक : अभी तो ये सब मुझे फिजूल की बड़ी बड़ी बातें लगती हैं। अंग्रेज़ों की मदद मिले और उससे स्वराज्य मिल जाय, ये तो आपने दो उलटी बातें कहीं। लेकिन इस सवाल का हल अभी मुझे नहीं चाहिए। उसमें समय बिताना बेकार है। स्वराज्य कैसे मिलेगा, यह जब आप बतायेंगे तब शायद आपके विचार मैं समझ सकूँ तो समझ सकूँ। फिलहाल तो अंग्रेज़ों की मदद की आपकी बात ने मुझे शंका में डाल दिया है और आपके विचारों के ख़िलाफ मुझे भरमा दिया है। इसलिए यह बात आप आगे न बढ़ाये तो अच्छा हो।

सम्पादक : मैं अंग्रेज़ों की बात को बढ़ाना नहीं चाहता। आप शंका में पड़ गये,

इसकी कोई फिकर नहीं। मुझे जो महत्त्व [अहम्} की बात कहनी है, उसे पहले से हीं बता देना ठीक होगा। आपकी शंका को धीरज से दूर करना मेरा फ़र्ज़ है।

पाठक : आपकी यह बात मुझे पसन्द आयी। इससे मुझे जो ठीक लगे वह बात कहने की मुझ में हिम्मत आई है। अभी मेरी एक शंका रह गई है। कांग्रेस के आरम्भ से स्वराज्य की नींव पड़ी, यह कैसे कहा जा सकता है?

सम्पादक : देखिये, कांग्रेस ने अलग अलग जगहों पर हिन्दुस्तानियों को इकट्ठा करके उनमें 'हम एक-राष्ट्र हैं" एसा जोश पैदा किया। कांग्रेस पर सरकार की कड़ी नज़र रहती थी। महसूल का हक़ प्रजा को होना चाहिए, एसी मांग कांग्रेस ने हमेशा की है। जैसा स्वराज्य कॅनेडा में है वैसा स्वराज्य कांग्रेस ने हमेशा चाहा है। वैसा स्वराज्य मिलेगा या नहीं मिलेगा, वैसा स्वराज्य हमें चाहिए या नहीं चाहिए, उससे बढ़कर दूसरा कोई स्वराज्य है या नहीं, यह सवाल अलग है। मुझे दिखाना तो इतना हीं है कि कांग्रेस ने हिन्द को स्वराज्य का रस चखाया। इसका जस कोई और लेना चाहे तो वह ठीक न होगा, और हम भी एसा माने तो बेक़दर {कृतघ्न} ठहरेंगे। इतना हीं नहीं, बल्कि जो मक़सद हम हासिल करना चाहते हैं उसमें मुसीबतें पैदा होंगी। कांग्रेस को अलग समझने और स्वराज्य के ख़िलाफ मानने से हम उसका उपयोग नहीं कर सकते।

2. बंग-भंग

पाठक : आप कहते हैं उस तरह विचार करने पर यह ठीक लगता है कि कांग्रेस ने स्वराज्य की नींव डाली। लेकिन यह तो आप मानेंगे कि वह सही जागृति {जाग} नहीं थी। सही जागृति कब और कैसे हुई?

सम्पादक : बीज हमेशा हमें दिखाई नहीं देता। वह अपना काम जमीन के नीचे करता है और जब ख़ुद मिट जाता है तब पेड़ जमीन के ऊपर देखने में आता है। कांग्रेस के बारे में एसा हीं समझिये। जिसे आप सही जागृति मानते हैं वह तो बंग-भंग से हुई, जिसके लिए हम लोर्ड कर्ज़न के आभारी हैं। बंग-भंग के वक़्त बंगालियों ने कर्ज़न साहब से बहुत प्रार्थना को, लेकिन वे साहब अपनी सत्ता के मद में लापरवाह रहें। उन्होंने मान लिया कि हिन्दुस्तानी लोग सिर्फ़ बकवास हीं करेंगे, उनसे कुछ भी नहीं होगा। उन्होंने अपमानभरी भाषा का प्रयोग किया और जबरदस्ती बंगाल के टुकड़े किये। हम यह मान सकते हैं कि उस दिन से अंग्रेज़ी राज्य के भी टुकड़े हुए। बंग-भंग से जो धक्का अंग्रेज़ी हुकूमत को लगा, वैसा और किसी काम से नहीं लगा। इसका मतलब यह नहीं कि जो दूसरे गैर-इन्साफ़ हुए, वे बंग-भंग से कुछ कम थे। नमक-महसूल कुछ कम गैर-इन्साफ़ नहीं है। एसा और तो आगे हम बहुत देखेंगे। लेकिन बंगाल के टुकड़े करने का विरोध {मुखालिफ़त} करने के लिए प्रजा तैयार थी। उस वक़्त प्रजा की भावना बहुत तेज़ थी। उस समय बंगाल के बहुतेरे नेता अपना सब कुछ न्यौछावर करने को तैयार थे। अपनी सत्ता, अपनी ताक़त को वे जानते थे। इसलिए तुरन्त आग भड़क उठी। अब वह बुझनेवाली नहीं है, उसे बुझाने की ज़रूरत भी नहीं है। ये टुकड़े कायम नहीं रहेंगे, बंगाल फिर एक हो जाएगा। लेकिन अंग्रेज़ी जहाज़ में जो दरार पड़ी है, वह तो हमेशा रहेगी हीं। वह दिन-ब-दिन चौड़ी होती जाएगी। जागा हुआ हिन्द फिर सो जाय, वह नामुमकिन है। बंग-भंग को रद करने की मांग स्वराज्य की मांग के बराबर है। बंगाल के नेता यह बात खूब जानते हैं। अंग्रेज़ी हुकूमत भी यह बात समझती है। इसीलिए टुकड़े रद

नहीं हुए। ज्यों ज्यों दिन बीतते जाते हैं, त्यों त्यों प्रजा तैयार होती जाती है। प्रजा एक दिन में नहीं बनती; उसे बनने में कई बरस लग जाते हैं।

पाठक : बंग-भंग के नतीजे आपने कया देखे?

सम्पादक : आज तक हम मानते आये हैं कि बादशाह से अर्ज करना चाहिए और बैसा करने पर भी दाद न मिले तो दुःख सहन करना चाहिए; अलबत्ता, अर्ज तो करते हीं रहना चाहिए। बंगाल के टुकड़े होने के बाद लोगों ने देखा कि हमारी अर्ज के पीछे कुछ ताक़त चाहिए, लोगों में कष्ट सहन करने की शक्ति चाहिए। यह नया जोश टुकड़े होने का अहम नतीजा माना जाएगा। यह जोश अख़बारों के लेखों में दिखाई दिया। लेख कड़े होने लगे। जो बात लोग डरते हुए या चोरी-चुपके करते थे, वह खुल्लमखुल्ला होने लगी–लिखी जाने लगी। स्वदेशी का आन्दोलन {तहरीक} चला। अंग्रेजों को देखकर छोटे-बड़े सब भागते थे, पर अब नहीं डरते; मार-पीट से भी नहीं डरते; जेल जाने में भी उन्हें कोई हर्ज़ नहीं मालूम होता; और हिन्द के पुत्ररत्न आज देशनिकाला भुगतते हुए (विदेशों में) विराजमान हैं। यह चीज़ उस अर्ज से अलग है। यों लोगों में खलबली मच रही है। बंगाल की हवा उत्तर में पंजाब तक और (दक्षिण में) मद्रास इलाके में कन्याकुमारी तक पहुँच गई है।

पाठक : इसके अलावा और कोई जानने लायक नतीजा आपको सूझता है?

सम्पादक : बंग-भंग से जैसे अंग्रेज़ी जहाज़ में दरार पड़ी है, वैसे हीं हम में भी दरार-फूट–पड़ी है। बड़ी घटनाओं के परिणाम {नतीज़े} भी यों बड़े हीं होते हैं। हमारे नेताओं में दो दल हो गये हैं: एक मोडरेट और दूसरा एक्स्ट्रीमिस्ट। उनको हम 'धीमे' और 'उतावले' कह सकते हैं। ('नरम दल' व 'गरम दल' शब्द भी चलते हैं।) कोई मोडरेट को डरपोक पक्ष और एक्स्ट्रीमिस्ट को हिम्मतवाला पक्ष भी कहते हैं। सब अपने अपने ख़यालों के मुताबिक इन दो शब्दों का अर्थ करते हैं। यह सच है कि ये जो दल हुए हैं, उनके बीच ज़हर भी पैदा हुआ है। एक दल दूसरे का भरोसा नहीं करता, दोनों एक-दूसरे को ताना मारते हैं। सुरत कांग्रेस के समय करीब करीब मार-पीट भी हो गई। ये जो दो दल हुए हैं वह देश के लिए अच्छी निशानी {चिह्न} नहीं है, एसा मुझे तो लगता है। लेकिन मैं यह भी मानता हूँ कि एसे दल लम्बे अरसे तक टिकेंगे नहीं। इस तरह कब तक ये दल रहेंगे, यह तो नेताओं पर आधार रखता है।

3. अशान्ति और असन्तोष

पाठक : तो आपने बंग-भंग को जागृति का कारण माना। उससे फैली हुई अशान्ति को ठीक समझा जाय या नहीं?

सम्पादक : इनसान नींद में से उठता है तो अंगड़ाई लेता है, इधर-उधर घूमता है और अशान्त {बेचैन} रहता है। उसे पूरा भान {सुध} आने में कुछ वक़्त लगता है। उसी तरह अगरचे बंग-भंग से जागृति आई है, फिर भी बेहोशी नहीं गई है। अभी हम अंगड़ाई लेने की हालत में हैं। अभी अशान्ति की हालत है। जैसे नींद और जाग के बीच की हालत ज़रूरी मानी जानी चाहिए और इसलिए वह ठीक कही जाएगी, वैसे बंगाल में और उस कारण से हिन्दुस्तान में जो अशान्ति फैली है वह भी ठीक है। अशान्ति है यह हम जानते हैं, इसलिए शान्ति का समय आने की शक्यता {इमकान} है। नींद से उठने के बाद हमेशा अंगड़ाई लेने की हालत में हम नहीं रहते, लेकिन देर-सबेर अपनी शक्ति के मुताबिक पूरे जागते हीं हैं। इसी तरह इस अशान्ति में से हम ज़रूर छूटेंगे। अशान्ति किसी को नहीं भाती।

पाठक : अशान्ति का दूसरा रूप क्या है?

सम्पादक : अशान्ति असल में असन्तोष है। उसे आजकल हम 'अनरेस्ट' कहते हैं। कांग्रेस के जमाने में वह 'डिस्कन्टेन्ट' कहलाता था। मि. ह्यूम हमेशा कहते थे कि हिन्दुस्तान में असन्तोष फैलाने की ज़रूरत है। यह असन्तोष बहुत उपयोगी चीज़ है। जब तक आदमी अपनी चालू हालत में ख़ुश रहता है, तब तक उसमें से निकलने के लिए उसे समझाना मुश्किल है। इसलिए हर एक सुधार के पहले असन्तोष होना हीं चाहिए। चालू चीज़ से ऊब जाने पर हीं उसे फेंक देने को मन करता है। एसा असन्तोष हम में महान हिन्दुस्तानियों की और अंग्रेज़ों की पुस्तकें पढ़कर पैदा हुआ है। उस असन्तोष से अशान्ति पैदा हुई और उस अशान्ति में कई लोग मरे, कई बरबाद हुए, कई जेल गये, कई को देशनिकाला हुआ। आगे भी एसा होगा; और होना चाहिए। ये सब लक्षण {निशानियां} अच्छे माने जा सकते हैं। लेकिन इनका नतीजा बुरा भी आ सकता है।

4. स्वराज्य क्या है?

पाठक : कांग्रेस ने हिन्दुस्तान को एक राष्ट्र बनाने के लिए क्या किया, बंग-भंग से जागृति कैसे हुई, अशान्ति और असन्तोष कैसे फैले, यह सब जाना। अब मैं यह जानना चाहता हूँ कि स्वराज्य के बारे में आपके क्या ख़याल हैं। मुझे डर है कि शायद हमारी समझ में फरक हो।

सम्पादक : फरक होना मुमकिन है। स्वराज्य के लिए आप हम सब अधीर बन रहें हैं, लेकिन वह कया है इस बारे में हम ठीक राय पर नहीं पहुँचे हैं। अंग्रेज़ों को निकाल बाहर करना चाहिए, यह विचार बहुतों के मुँह से सुना जाता है; लेकिन उन्हें क्यों निकालना चाहिए, इसका कोई ठीक ख़याल किया गया हो एसा नहीं लगता। आपसे हीं एक सवाल मैं पूछता हूँ। मान लीजिये कि हम मांगते हैं उतना सब अंग्रेज हमें दे दें, तो फिर उन्हें (यहाँ से) निकाल देने की ज़रूरत आप समझते हैं?

पाठक : मैं तो उनसे एक हीं चीज़ मांगूँगा। वह है: मेहरबानी करके आप हमारे मुल्क से चले जायें। यह माँग वे कबूल करें और हिन्दुस्तान से चले जायें, तब भी अगर कोई एसा अर्थ का अनर्थ {सही का गलत अर्थ} करें कि वे यहीं रहते हैं, तो मुझे उसकी परवाह नहीं होगी। तब फिर हम एसा मानेंगे कि हमारी भाषा में कुछ लोग 'जाना' का अर्थ 'रहना' करते हैं।

सम्पादक : अच्छा, हम मान लें कि हमारी माँग के मुताबिक अंग्रेज़ चले गये। उसके बाद आप क्या करेंगे?

पाठक : इस सवाल का जवाब अभी से दिया हीं नहीं जा सकता। वे किस तरह जाते हैं, उस पर बाद की हालत का आधार रहेगा। मान लें कि आप कहते हैं उस तरह वे चले गये, तो मुझे लगता है कि उनका बनाया हुआ विधान {दस्तूर} हम चालू रखेंगे और राज का कारोबार चलायेंगे। कहने से हीं वे चले जायें तो हमारे पास लश्कर तैयार हीं होगा, इसलिए हमें राजकाज चलाने में कोई मुश्किल नहीं आयेगी।

सम्पादक : आप भले हीं एसा माने, लेकिन मैं नहीं मानूँगा। फिर भी मैं इस बात पर ज़्यादा बहस नहीं करना चाहता। मुझे तो आपके सवाल का जवाब देना है। वह जवाब मैं आपसे हीं कुछ सवाल करके अच्छी तरह दे सकता हूँ। इसलिए कुछ सवाल आपसे करता हूँ। हम अंग्रेज़ों को क्यों निकालना चाहते हैं?

पाठक : इसलिए कि उनके राज-कारोबार से देश कंगाल होता जा रहा है। वे हर साल देश से धन ले जाते हैं। वे अपनी हीं चमड़ी के लोगों को बड़े ओहदे देते हैं, हमें सिर्फ़ ग़ुलामी में रखते हैं, हमारे साथ बेअदबी का बरताव करते हैं और हमारी ज़रा भी परवा नहीं करते।

सम्पादक : अगर वे धन बाहर न ले जायें, नम्र बन जायें और हमें बड़े ओहदे दें, तो उनके रहने में आपको कुछ हर्ज़ है?

पाठक : यह सवाल हीं बेकार है। बाघ अपना रूप {सूरत} पलट दे तो उसकी भाईबंदी से कोई नुकसान है? एसा सवाल आपने पूछा, यह सिर्फ़ वक़्त बरबाद करने के खातिर हीं। अगर बाघ अपना स्वभाव {मिज़ाज} बदल सके, तो अंग्रेज़ लोग अपनी आदत छोड़ सकते हैं। जो कभी होनेवाला नहीं है वह होगा, एसा मानना मनुष्य की रीत हीं नहीं है।

सम्पादक : कॅनेडा को जो राजसत्ता मिली है, बोअर लोगों को जो राजसत्ता मिली है, वैसी हीं हमें मिले तो?

पाठक : यह भी बेकार सवाल है। हमारे पास उनकी तरह गोलाबारूद हो तब वैसा ज़रूर हो सकता है। लेकिन उन लोगों के जितनी सत्ता जब अंग्रेज़ हमें देंगे तब हम अपना हीं झंडा रखेंगे। जैसा जापान वैसा हिन्दुस्तान। अपना जंगी बेड़ा, अपनी फौज़ और अपनी जाहोजलाली {समृद्धि, मालामाली} होगी। और तभी हिन्दुस्तान का सारी दुनिया में बोलबाला होगा।

सम्पादक : यह तो आपने अच्छी तसवीर खींची। इसका अर्थ यह हुआ कि हमें अंग्रेज़ी राज्य तो चाहिए, पर अंग्रेज़ (शासक) नहीं चाहिए। आप बाघ का स्वभाव तो चाहते हैं, लेकिन बाघ नहीं चाहते। मतलब यह हुआ कि आप हिन्दुस्तान को अंग्रेज़ बनाना चाहते हैं। और हिन्दुस्तान जब अंग्रेज़ बन जाएगा तब वह हिन्दुस्तान नहीं कहा जाएगा, लेकिन सच्चा इंग्लिस्तान कहा जाएगा। यह मेरी कल्पना का स्वराज्य नहीं है।

पाठक : मैंने तो जैसा मुझे सूझता है वैसा स्वराज्य बतलाया। हम जो शिक्षा पाते हैं वह अगर कुछ काम की हो, स्पेन्सर, मिल वगैरा महान लेखकों के जो लेख हम पढ़ते हैं वे कुछ काम के हों, अंग्रेज़ों की पार्लियामेन्ट पार्लियामेन्टों की माता

हो, तो फिर बेशक मुझे तो लगता है कि हमें उनकी नकल करनी चाहिए; वह यहाँ तक कि जैसे वे अपने मुल्क में दूसरों को घुसने नहीं देते वैसे हम भी दूसरों को न घुसने दें। यों तो उन्होंने अपने देश में जो किया है, वैसा और जगह अभी देखने में नहीं आता। इसलिए उसे तो हमें अपने देश में अपनाना हीं चाहिये। लेकिन अब आप अपने विचार बतलाइये।

सम्पादक : अभी देर है। मेरे विचार अपने आप इस चर्चा में आपको मालूम हो जायेंगे। स्वराज्य को समझना आपको जितना आसान लगता है उतना हीं मुझे मुश्किल लगता है। इसलिए फिलहाल मैं आपको इतना हीं समझाने की कोशिश करूँगा कि जिसे आप स्वराज्य कहते हैं वह सचमुच स्वराज्य नहीं है।

5. इंग्लैंड की हालत

पाठक : आप जो कहते हैं उस पर से तो मैं यही अन्दाज़ लगाता हूँ कि इंग्लैंड में जो राज्य चलता है वह ठीक नहीं है और हमारे लायक नहीं है।

सम्पादक : आपका यह ख़याल सही है। इंग्लैंड में आज जो हालत है वह सचमुच दयनीय-तरस खाने लायक है। मैं तो भगवान से यही माँगता हूँ कि हिन्दुस्तान की ऐसी हालत कभी न हो। जिसे आप पार्लियामेन्टों की माता कहते हैं, वह पार्लियामेन्ट तो बांझ और बेसवा {वेश्या} है। ये दोनों शब्द बहुत कड़े हैं, तो भी उसे अच्छी तरह लागू होते हैं। मैंने उसे बांझ कहा, क्योंकि अब तक उस पार्लियामेन्ट ने अपने आप एक भी अच्छा काम नहीं किया। अगर उस पर जोर-दबाव डालनेवाला कोई न हो तो वह कुछ भी न करे, एसी उसकी क़ुदरती हालत है। और वह बेसवा है क्योंकि जो मन्त्री-मण्डल उसे रखे उसके पास वह रहती है। आज उसका मालिक एस्क्विथ है, तो कल बालफर होगा और परसों कोई तीसरा।

पाठक : आपके बोलने में कुछ व्यंग्य {भेद} है। बाँझ शब्द को अब तक आपने लागू नहीं किया। पार्लियामेन्ट लोगों की बनी है, इसलिए बेशक लोगों के दबाव से हीं वह काम करेगी। वही उसका गुण {सिफ़त} है, उसके ऊपर का अंकुश {काबू} है।

सम्पादक : यह बड़ी गलत बात है। अगर पार्लियामेन्ट बांझ न हो तो इस तरह होना चाहिए–लोग उसमें अच्छे से अच्छे मेम्बर चुनकर भेजते हैं। मेम्बर तनख़्वाह नहीं लेते, इसलिए उन्हें लोगों की भलाई के लिए (पार्लियामेन्ट में) जाना चाहिए। लोग ख़ुद सुशिक्षित-संस्कारी {तालीमयाफ़्ता} माने जाते हैं, इसलिए उनसे भूल नहीं होती एसा हमें मानना चाहिए। एसी पार्लियामेन्ट को अर्जी की ज़रूरत नहीं होनी चाहिए, न दबाव की। उस पार्लियामेन्ट का काम इतना सरल होना चाहिए कि दिन-ब-दिन उसका तेज बढ़ता जाय और लोगों पर उसका असर होता जाय। लेकिन इससे उलटे इतना तो सब कबूल करते हैं कि पार्लियामेन्ट के मेम्बर दिखावटी और

स्वार्थी {ख़ुदगर्ज} पाये जाते हैं। सब अपना मतलब साधने की सोचते हैं। सिर्फ़ डर के कारण हीं पार्लियामेन्ट कुछ काम करती है। जो काम आज किया वह कल उसे रद करना पड़ता है। आज तक एक भी चीज़ को पार्लियामेन्ट में ठिकाने लगाया हो एसी कोई मिसाल देखने में नहीं आती। बड़े सवालों की चर्चा जब पार्लियामेन्ट में चलती है, तब उसके मेम्बर पैर फैलाकर लेटते हैं या बैठे बैठे झपकियाँ लेते हैं। उस पार्लियामेन्ट में मेम्बर इतने जोरों से चिल्लाते हैं कि सुननेवाले हैरान-परेशान हो जाते हैं। उसके एक महान लेखक ने उसे 'दुनिया की बातूनी' जैसा नाम दिया है। मेम्बर जिस पक्ष {दल, पार्टी} के हों उस पक्ष के लिए अपना मत वे बगैर सोचे-विचारे देते हैं, देने को बँधे हुए हैं। अगर कोई मेम्बर इसमें अपवादरूप {इस्तुनाके तीर पर} निकल आये, तो उसकी कमबख़्ती हीं समझिये। जितना समय और पैसा पार्लियामेन्ट ख़र्च करती है उतना समय और पैसा अगर अच्छे लोगों को मिले तो प्रजा का उद्धार {बेहतर हालत} हो जाय। ब्रिटिश पार्लियामेन्ट महज़ प्रजा का खिलौना है और वह खिलौना प्रजा को भारी ख़र्च में डालता है। ये विचार मेरे ख़ुद के हैं एसा आप न माने। बड़े और विचारशील अंग्रेज़ एसा विचार रखते हैं। एक मेम्बर ने तो यहाँ तक कहा है कि पार्लियामेन्ट धर्मिष्ठ {दीनदार} आदमी के लायक नहीं रही। दूसरे मेम्बर ने तो यहाँ तक कहा है कि पार्लियामेन्ट एक 'बच्चा' (बेबी) है। बच्चों को कभी आपने हमेशा बच्चे हीं रहते देखा है? आज सात सौ बरस के बाद भी अगर पार्लियामेन्ट बच्चा हीं हो, तो वह बड़ी कब होगी?

पाठक : आपने मुझे सोच में डाल दिया। यह सब मुझे तुरन्त मान लेना चाहिए, एसा तो आप नहीं कहेंगे। आप बिल्कुल निराले विचार मेरे मन में पैदा कर रहें हैं। मुझे उन्हें हजम करना होगा। अच्छा, अब 'बेसवा' शब्द का विवेचन (तफ़सीर। कीजिये।

सम्पादक : मेरे विचारों को आप तुरन्त नहीं मान सकते, यह बात ठीक है। उसके बारे में आपको जो साहित्य पढ़ना चाहिए वह आप पढ़ेंगे, तो आपको कुछ ख़याल आयेगा। पार्लियामेन्ट को मैंने बेसवा कहा, वह भी ठीक है। उसका कोई मालिक नहीं है। उसका कोई एक मालिक नहीं हो सकता। लेकिन मेरे कहने का मतलब इतना हीं नहीं है। जब कोई उसका मालिक बनता है-जैसे प्रधानमन्त्री-तब भी उसकी चाल एक सरीखी नहीं रहती। जैसे बुरे हाल {दुर्दशा} बेसवा के होते हैं, वैसे हीं सदा पार्लियामेन्ट के होते हैं। प्रधानमन्त्री को पार्लियामेन्ट की थोड़ी हीं परवाह रहती है। वह तो अपनी सत्ता के मद में मस्त रहता है। अपना दल कैसे जीते इसी

की लगन उसे रहती है। पार्लियामेन्ट सही काम कैसे करे, इसका वह बहुत कम विचार करता है। अपने दल को बलवान बनाने के लिए प्रधानमन्त्री पार्लियामेन्ट से कैसे कैसे काम करवाता है, इसकी मिसालें जितनी चाहिए उतनी मिल सकतीं हैं। यह सब सोचने लायक है।

पाठक : तब तो आज तक जिन्हें हम देशाभिमानी {हुज-उल-वतन} और ईमानदार समझते आये हैं, उन पर भी आप टूट पढ़ते हैं।

सम्पादक : हाँ, यह सच है। मुझे प्रधानमन्त्रियों से द्वेष (बैर) नहीं है। लेकिन तजरबे से मैंने देखा है कि वे सच्चे देशाभिमानी नहीं कहे जा सकते। जिसे हम घूस कहते हैं वह घूस वे खुल्लमखुल्ला नहीं लेते-देते, इसलिए भले हीं वे ईमानदार कहे जायें। लेकिन उनके पास बसीला{सिफ़ारिश} काम कर सकता है। वे दूसरों से काम निकालने के लिए उपाधि {इलकाब} वगैरा की घूस बहुत देते हैं। मैं हिम्मत के साथ कह सकता हूँ कि उनमें शुद्ध भावना और सच्ची ईमानदारी नहीं होती।

पाठक : जब आपके एसे ख़याल हैं तो जिन अंग्रेज़ों के नाम से पार्लियामेन्ट राज करती है उनके बारे में अब कुछ कहिये, ताकि उनके स्वराज्य का पूरा ख़याल मुझे आ जाये।

सम्पादक : जो अंग्रेज 'वोटर' हैं (चुनाव करते हैं), उनकी धर्म-पुस्तक (बाइबल) तो है अख़बार। वे अख़बारों से अपने विचार बनाते हैं। अख़बार अप्रामाणिक {बेईमान} होते हैं, एक ही बात को दो शकलें देते हैं। एक दलवाले उसी बात को बड़ी बनाकर दिखलाते हैं, तो दूसरे दलवाले उसी को छोटी कर डालते हैं। एक अख़बारवाला किसी अंग्रेज़ नेता को प्रामाणिक {ईमानदार} मानेगा, तो दूसरा अख़बारवाला उसको अप्रामाणिक मानेगा। जिस देश में एसे अख़बार हैं उस देश के आदमियों की कैसी दुर्दशा होगी?

पाठक : यह तो आप हीं बताइये।

सम्पादक : उन लोगों के विचार घड़ी-घड़ी में बदलते हैं। उन लोगों में यह कहावत है कि सात सात बरस में रंग बदलता है। घड़ी के लोलक की तरह वे इधर-उधर घूमा करते हैं। जमकर वे बैठ हीं नहीं सकते। कोई दौर-दमामवाला आदमी हो और उसने अगर बड़ी बड़ी बातें कर दीं या दावतें दे दीं, तो वे नक्कारची की तरह उसीके ढोल पीटने लग जाते हैं। एसे लोगों की यार्लियामेन्ट भी एसी हीं होती है। उनमें एक बात ज़रूर है। वह यह कि वे अपने देश को खोयेंगे नहीं। अगर किसी ने उस पर बुरी नजर डाली, तो वे उसकी मिट्टी पलीद कर देंगे। लेकिन इससे उस

प्रजा में सब गुण आ गये, या उस प्रजा की नक़ल की जाय, एसा नहीं कह सकते। अगर हिन्दुस्तान अंग्रेज़ प्रजा की नक़ल करे तो हिन्दुस्तान पामाल हो जाय, एसा मेरा पक्का ख़याल है।

पाठक : अंग्रेज़ प्रजा एसी हो गई है, इसके आप क्या कारण मानते हैं?

सम्पादक : इसमें अंग्रेज़ों का कोई ख़ास कसूर नहीं है, पर उनकी-बल्कि यूरोप की-आजकल की सभ्यता का कसूर है। वह सभ्यता नुकसान-देह है और उससे यूरोप की प्रजा पामाल होती जा रही है।

6. सभ्यता का दर्शन

पाठक : अब तो आपको सभ्यता {तहजीब} की भी बात करनी होगी। आपके हिसाब से तो यह सभ्यता बिगाड़ करनेवाली है।

सम्पादक : मेरे हिसाब से हीं नहीं, बल्कि अंग्रेज लेखकों के हिसाब से भी यह सभ्यता बिगाड़ करनेवाली है। उसके बारे में बहुत किताबें लिखी गई हैं। वहाँ इस सभ्यता के ख़िलाफ मण्डल भी कायम हो रहें हैं। एक लेखक ने 'सभ्यता, उसके कारण और उसकी दवा' नाम की किताब लिखी है। उसमें उसने यह साबित किया है कि यह सभ्यता एक तरह का रोग है।

पाठक : यह सब हम क्यों नहीं जानते?

सम्पादक : इसका कारण तो साफ़ है। कोई भी आदमी अपने ख़िलाफ जानेवाली बात करे एसा शायद हीं होता है। आज की सभ्यता के मोह में फँसे हुए लोग उसके ख़िलाफ नहीं लिखेंगे, उलटे उसको सहारा मिले एसी हीं बातें और दलीलें ढूँढ निकालेंगे। यह वे जान-बुझकर करते हैं एसा भी नहीं है। वे जो लिखते हैं उसे ख़ुद सच मानते हैं। नींद में आदमी जो सपना देखता है, उसे वह सही मानता है। जब उसकी नींद खुलती है तभी उसे अपनी गलती मालूम होती है। एसी हीं दशा सभ्यता के मोह में फँसे हुए आदमी की होती है। हम जो बातें पढ़ते हैं वे सभ्यता की हिमायत करनेवालों की लिखी बातें होती हैं। उनमें बहुत होशियार और भले आदमी हैं। उनके लेखों से हम चौंधिया जाते हैं। यों एक के बाद दूसरा आदमी उसमें फँसता जाता है।

पाठक : यह बात आपने ठीक कही। अब आपने जो कुछ पढ़ा और सोचा है, उसका ख़याल मुझे दीजिये।

सम्पादक : पहले तो हम यह सोचें कि सभ्यता किस हालत का नाम है। इस सभ्यता की सही पहचान तो यह है कि लोग बाहरी (दुनिया) की खोजों में और शरीर के सुख में धन्यता-सार्थकता {पुरअरमानी} और पुरूषार्थ {बहादुरी, बडा काम}

मानते हैं। इसकी कुछ मिसालें लें। सौ साल पहले यूरोप के लोग जैसे घरों में रहते थे उनसे ज़्यादा अच्छे घरों में आज वे रहते हैं; यह सभ्यता की निशानी मानी जाती है। इसमें शरीर के सुख की बात है। इसके पहले लोग चमड़े के कपड़े पहनते थे और भालों का इस्तेमाल करते थे। अब वे लम्बे पतलून पहनते हैं और शरीर को सज़ाने के लिए तरह-तरह के कपड़े बनवाते हैं; और भाले के बदले एक के बाद एक पाँच गोलियां छोड़ सके एसी चक्करवाली बन्दूक इस्तेमाल करते हैं। यह सभ्यता की निशानी है। किसी मुल्क के लोग, जो जूते वगैरा नहीं पहनते हों, जब यूरोप के कपड़े पहनना सीखते हैं, तो जंगली हालत में से सभ्य हालत में आये हुए माने जाते हैं। पहले यूरोप में लोग मामूली हल की मदद से अपने लिए जात-मेहनत करके जमीन जोतते थे। उसकी जगह आज भाप के यन्त्रों से हल चलाकर एक आदमी बहुत सारी जमीन जोत सकता है और बहुत-सा पैसा जमा कर सकता है। यह सभ्यता की निशानी मानी जाती है। पहले लोग कुछ हीं किताबें लिखते थे और वे अनमोल मानी जाती थीं। आज हर कोई चाहे जो लिखता है और छपवाता है और लोगों के मन को भरमाता है। यह सभ्यता की निशानी है। पहले लोग बैलगाड़ी से रोज़ बारह कोस की मंजिल तय करते थे। आज रेलगाड़ी से चार सौ कोस की मंजिल मारते हैं। यह तो सभ्यता की चोटी {शिखर} मानी गई है। यह सभ्यता जैसे जैसे आगे बढ़ती जाती है वैसे वैसे यह सोचा जाता है कि लोग हवाई जहाज़ से सफ़र करेंगे और थोड़े हीं घंटों में दुनिया के किसी भी भाग {हिस्सा} में जा पहुँचेंगे। लोगों को हाथ-पैर हिलाने की ज़रूरत नहीं रहेगी। एक बटन दबाया कि आदमी के सामने पहनने की पोशाक हाजिर हो जायेगी, दूसरा बटन दबाया कि उसे अख़बार मिल जायेंगे, तीसरा दबाया कि उसके लिए गाड़ी तैयार हो जायेगी; हर हमेशा नये भोजन मिलेंगे, हाथ-पैर का काम हीं नहीं पड़ेगा, सारा काम कल {यन्त्र} से हीं किया जाएगा। पहले जब लोग लड़ना चाहते थे तो एक-दूसरे का शरीर बल आजमाते थे। आज तो तोप के एक गोले से हज़ारों जाने ली जा सकतीं हैं। यह सभ्यता की निशानी है। पहले लोग खुली हवा में अपने को ठीक लगे उतना काम स्वतन्त्रता से करते थे। अब हज़ारों आदमी अपने गुज़ारे के लिए इकट्ठा होकर बड़े कारखानों में या खानों में काम करते हैं। उनकी हालत जानवर से भी बदतर हो गई है। उन्हें सीसे वगैरा के कारखानों में जान को जोखिम में डालकर काम करना पड़ता है। इसका लाभ पैसेदार लोगों को मिलता है। पहले लोगों को मार-पीट कर ग़ुलाम बनाया जाता था; आज लोगों को पैसे का और भोग {मज़ा, आनन्द} का लालच देकर ग़ुलाम बनाया जाता है। पहले जैसे रोग

नहीं थे वैसे रोग आज लोगों में पैदा हो गये हैं और उसके साथ डॉक्टर खोज करने लगे हैं कि ये रोग कैसे मिटाये जायें। एसा करने से अस्पताल बढ़े हैं। यह सभ्यता की निशानी मानी जाती है। पहले लोग पत्र लिखते थे तब ख़ास कासिद उसे ले जाता था और उसके लिए काफ़ी ख़र्च लगता था। आज मुझे किसी को गालियाँ देने के लिए पत्र लिखना हो, तो एक पैसे में मैं गालियाँ दे सकता हूँ, किसी को मुझे मुबारकबाद देना हो तो भी मैं उसी दाम में पत्र भेज सकता हूँ। यह सभ्यता की निशानी है। पहले लोग दो या तीन बार खाते थे और वह भी ख़ुद हाथ से पकाई हुई रोटी और थोड़ी तरकारी। अब तो हर दो घण्टे पर खाना चाहिए, और वह यहाँ तक कि लोगों को खाने से फ़ुरसत हीं नहीं मिलती। और कितना कहूँ? यह सब आप किसी भी पुस्तक में पढ़ सकते हैं। ये सब सभ्यता की सच्ची निशानियाँ मानी जाती हैं। और अगर कोई भी इससे भिन्न बात समझाये, तो वह भोला है एसा निश्चय {खसूसन} हीं मानिए। सभ्यता तो मैंने जो बताई वही मानी जाती है। उसमें नीति या धर्म की बात हीं नहीं है। सभ्यता के हिमायती साफ़ कहते हैं कि उनका काम लोगों को धर्म सिखाने का नहीं है। धर्म तो ढोंग है, एसा कुछ लोग मानते हैं। और कुछ लोग धर्म का दम्भ करते हैं, नीति की बातें भी करते हैं। फिर भी मैं आपसे बीस बरस के अनुभव {तजरबा} के बाद कहता हूँ कि नीति के नाम से अनीति सिखलाई जाती है। ऊपर की बातों में नीति हो हीं नहीं सकतीं, यह कोई बच्चा भी समझ सकता है। शरीर का सुख कैसे मिले, यही आज की सभ्यता ढूँढ़ती है; और यही देने की वह कोशिश करती है। परन्तु वह सुख भी नहीं मिल पाता।

यह सभ्यता तो अधर्म है और यह यूरोप में इतने दरजे तक फैल गयी है कि वहाँ के लोग आधे पागल जैसे देखने में आते हैं। उनमें सच्ची कूबत नहीं है; वे नशा करके अपनी ताक़त कायम रखते हैं। एकान्त {तनहाई} में वे बैठ हीं नहीं सकते। जो स्त्रियाँ घर की रानियाँ होनी चाहिए, उन्हें गलियों में भटकना पड़ता है, या कोई मज़दूरी करनी पड़ती है। इंग्लैंड में हीं चालीस लाख गरीब औरतों को पेट के लिए सख़्त मज़दूरी करनी पड़ती है, और आजकल इसके कारण 'सफ्रेजेट' का आन्दोलन {तहरीक} चल रहा है।

यह सभ्यता एसी है कि अगर हम धीरज धर कर बैठे रहेंगे, तो सभ्यता की चपेट में आये हुए लोग ख़ुद की जलाई हुई आग में जल मरेंगे। पैगम्बर मोहम्मद साहब की सीख के मुताबिक यह शैतानी सभ्यता है। हिन्दू धर्म इसे निरा 'कलजुग' कहता है। मैं आपके सामने इस सभ्यता का हूबहू चित्र नहीं खींच सकता। यह मेरी शक्ति

के बाहर है। लेकिन आप समझ सकेंगे कि इस सभ्यता के कारण अंग्रेज़ प्रजा में सड़न ने घर कर लिया है। यह सभ्यता दूसरों का नाश करनेवाली और ख़ुद नाशवान है। इससे दूर रहना चाहिए और इसीलिए ब्रिटिश और दूसरी पार्लियामेन्टें बेकार हो गई हैं। ब्रिटिश पार्लियामेन्ट अंग्रेज़ प्रजा की ग़ुलामी की निशानी है, यह पक्की बात है। आप पढ़ेंगे और सोचेंगे तो आपको भी एसा हीं लगेगा। इसमें आप अंग्रेज़ों का दोष {कसूर} न निकालें। उन पर तो हमें दया आनी चाहिए। वे काबिल प्रजा हैं इसलिए किसी दिन उस जाल से निकल जाएँगे एसा मैं मानता हूँ। वे साहसी और मेहनती हैं। मूल में उनके विचार अनीतिभिरे नहीं हैं, इसलिए उनके बारे में मेरे मन में उत्तम {बहुत अच्छे} ख़याल हीं है। उनका दिल बुरा नहीं है। यह सभ्यता उनके लिए कोई अमिट रोग नहीं है। लेकिन अभी वे उस रोग में फंसे हुए हैं, यह तो हमें भूलना हीं नहीं चाहिए।

7. हिन्दुस्तान कैसे गया?

पाठक : आपने सभ्यता के बारे में बहुत कुछ कहा; और मुझे विचार में डाल दिया। अब तो मैं इस संकट {पसोपेश, दुबिधा} में आ पड़ा हूँ कि यूरोप की प्रजा से मैं क्या लूँ और क्या न लूँ। लेकिन एक सवाल मेरे मन में तुरन्त उठता है: अगर आज की सभ्यता बिगाड़ करनेवाली है, एक रोग है, तो एसी सभ्यता में फंसे हुए अंग्रेज़ हिन्दुस्तान को कैसे ले सके? इसमें वे कैसे रह सकते हैं?

सम्पादक : आपके इस सवाल का जवाब कुछ आसानी से दिया जा सकेगा और अब थोड़ी देर में हम स्वराज्य के बारे में भी विचार कर सकेंगे। आपके इस सवाल का जवाब अभी देना बाकी है, यह मैं भूला नहीं हूँ। लेकिन आपके आखरी सवाल पर हम आये। हिन्दुस्तान अंग्रेज़ों ने लिया सो बात नहीं है, बल्कि हमने उन्हें दिया है। हिन्दुस्तान में वे अपने बल से नहीं टिके हैं, बल्कि हमने उन्हें टिका रखा है। वह कैसे सो देखें। आपको मैं याद दिलाता हूँ कि हमारे देश में वे दरअसल व्यापार के लिए आये थे। आप अपनी कम्पनी बहादुर को याद कीजिये। उसे बहादुर किसने बनाया? वे बेचारे तो राज करने का इरादा भी नहीं रखते थे। कम्पनी के लोगों की मदद किसने की? उनकी चाँदी को देखकर कौन मोह में पड़ जाता था? उनका माल कौन बेचता था? इतिहास {तवारीख} सबूत देता है कि यह सब हम हीं करते थे। जल्दी पैसा पाने के मतलब से हम उनका स्वागत करते थे। हम उनकी मदद करते थे। मुझे भाँग पीने की आदत हो और भाँग बेचनेवाला मुझे भाँग बेचे, तो कसूर बेचनेवाले का निकालना चाहिए या अपना ख़ुद का? बेचनेवाले का कसूर निकालने से मेरा व्यसन {लत, कुटेव} थोड़े हीं मिटनेवाला है? एक बेचनेवाले को भगा देंगे तो क्या दूसरे मुझे भाँग नहीं बेचेंगे? हिन्दुस्तान के सच्चे सेवक को अच्छी तरह खोज करके इसकी जड़ तक पहुँचना होगा। ज़्यादा खाने से अगर मुझे अजीर्ण हुआ हो, तो मैं पानी का दोष निकाल कर अजीर्ण {बदहजमी} दूर नहीं कर सकूंगा। सच्चा

डॉक्टर तो वह है जो रोग की जड़ खोजे। आप अगर हिन्दुस्तान के रोग के डॉक्टर होना चाहते हैं, तो आपको रोग की जड़ खोजनी हीं पड़ेगी।

पाठक : आप सच कहते हैं। अब मुझे समझाने के लिए आपको दलील करने की ज़रूरत नहीं रहेगी। मैं आपके विचार जानने के लिए अधीर बन गया हूँ। अब हम बहुत हीं दिलचस्प विषय {बात} पर आ गये हैं, इसलिए मुझे आप अपने हीं विचार बतायें। जब उनके बारे में शंका पैदा होगी तब मैं आपको रोकूँगा।

सम्पादक : बहुत अच्छा। पर मुझे डर है कि आगे चलने पर हमारे बीच फिर से मतभेद ज़रूर होगा। फिर भी जब आप मुझे रोकेंगे तभी मैं दलील में उतरूंगा। हमने देखा कि अंग्रेज़ व्यापारियों को हमने बढ़ावा दिया तभी वे हिन्दुस्तान में अपने पैर फैला सके। वैसे हीं जब हमारे राजा लोग आपस में झगड़े तब उन्होंने कम्पनी बहादुर से मदद माँगी। कम्पनी बहादुर व्यापार और लड़ाई के काम में कुशल {होशियार} थी। उसमें उसे नीति-अनीति की अड़चन नहीं थी। व्यापार बढ़ाना और पैसा कमाना, यही उसका धंधा था। उसमें जब हमने मदद दी तब उसने हमारी मदद ली और अपनी कोठियाँ बढ़ाई। कोठियों का बचाव करने के लिए उसने लश्कर रखा। उस लश्कर का हमने उपयोग किया, इसलिए अब उसे दोष देना बेकार है। उस वक़्त हिन्दू-मुसलमानों के बीच बैर था। कम्पनी को उससे मौक़ा मिला। इस तरह हमने कम्पनी के लिए एसे संजोग पैदा किये, जिससे हिन्दुस्तान पर उसका अधिकार हो जाय। इसलिए हिन्दुस्तान गया एसा कहने के बजाय ज़्यादा सच यह कहना होगा कि हमने हिन्दुस्तान अंग्रेज़ों को दिया।

पाठक : अब अंग्रेज़ हिन्दुस्तान को कैसे रख सकते हैं सो कहिये।

सम्पादक : जैसे हमने हिन्दुस्तान उन्हें दिया वैसे हीं हम हिन्दुस्तान को उनके पास रहने देते हैं। उन्होंने तलवार से हिन्दुस्तान लिया एसा उनमें से कुछ कहते हैं, और एसा भी कहते हैं कि तलवार से वे उसे रख रहें हैं। ये दोनों बातें गलत हैं। हिन्दुस्तान को रखने के लिए तलवार किसी काम में नहीं आ सकतीं; हम ख़ुद हीं उन्हें यहाँ रहने देते हैं।

नेपोलियन ने अंग्रेज़ों को व्यापारी प्रजा कहा है। वह बिल्कुल ठीक बात है। वे जिस देश को (अपने काबू में) रखते हैं, उसे व्यापार के लिए रखते हैं, यह जानने लायक है। उनकी फ़ौजें और जंगी बेड़े सिर्फ़ व्यापार की रक्षा {रखवाली} के लिए हैं। जब ट्रान्सवाल में व्यापार का लालच नहीं था तब मि. ग्लेडस्टन को तुरन्त सूझ गया कि ट्रान्सवाल अंग्रेज़ों को नहीं रखना चाहिए। जब ट्रान्सवाल में व्यापार का

आकर्षण देखा तब उससे लड़ाई की गई और मि. चेम्बरलेन ने यह ढूँढ निकाला कि ट्रान्सवाल पर अंग्रेज़ों की हुकूमत है। मरहूम प्रेसिडेन्ट क्रूगर से किसी ने सवाल किया : 'चाँद में सोना है या नहीं?' उसने जवाब दिया : "चाँद में सोना होने की सम्भावना नहीं है, क्योंकि सोना होता तो अंग्रेज़ अपने राज के साथ उसे जोड़ देते।' पैसा उनका ख़ुदा है, यह ध्यान में रखने से सब बातें साफ़ हो जायेगीं।

तब अंग्रेज़ों को हम हिन्दुस्तां में सिर्फ़ अपनी ग़रज़ से रखते हैं। हमें उनका व्यापार पसन्द आता है। वे चालबाजी करके हमें रिझाते हैं और रिझाकर हमसे काम लेते हैं। इसमें उनका दोष निकालना उनकी सत्ता को निभाने जैसा है। इसके अलावा, हम आपस में झगड़कर उन्हें ज़्यादा बढ़ावा देते हैं।

अगर आप ऊपर की बात को ठीक समझते हैं, तो हमने यह साबित कर दिया कि अंग्रेज़ व्यापार के लिए यहाँ आये, व्यापार के लिए यहाँ रहते हैं और उनके रहने में हम हीं मददगार हैं। उनके हथियार तो बिल्कुल बेकार हैं।

इस मौके पर मैं आपको याद दिलाता हूँ कि जापान में अंग्रेज़ी झंडा लहराता है एसा आप मानिये। जापान के साथ अंग्रेज़ों ने जो करार किया है वह अपने व्यापार के लिए किया है। और आप देखेंगे कि जापान में अंग्रेज़ लोग अपना व्यापार खूब जमायेंगे। अंग्रेज़ अपने माल के लिए सारी दुनिया को अपना बाजार बनाना चाहते हैं। यह सच है कि एसा वे नहीं कर सकेंगे। इसमें उनका कोई कसूर नहीं माना जा सकता। अपनी कोशिश में वे कोई कसर नहीं रखेंगे।

8. हिन्दुस्तान की दशा

पाठक : हिन्दुस्तान अंग्रेजों के हाथ में क्यों है, यह समझा जा सकता है। अब मैं हिन्दुस्तान की हालत के बारे में आपके विचार जानना चाहता हूँ।

सम्पादक : आज हिन्दुस्तान की रंक {कंगाल} दशा है। यह आपसे कहते हुए मेरी आँखों में पानी भर आता है और गला सूख जाता है। यह बात मैं आपको पूरी तरह समझा सकूंगा या नहीं, इस बारे में मुझे शक है। मेरी पक्की राय है, कि हिन्दुस्तान अंग्रेज़ों से नहीं, बल्कि आजकल की सभ्यता {तहजीब} से कुचला जा रहा है, उसकी चपेट में वह फँस गया है। उसमें से बचने का अभी भी उपाय है, लेकिन दिन-ब-दिन समय बीतता जा रहा है। मुझे तो धर्म प्यारा है; इसलिए पहला दुःख मुझे यह है कि हिन्दुस्तान धर्मभ्रष्ट होता जा रहा है। धर्म का अर्थ मैं यहाँ हिन्दू, मुस्लिम या जरथोस्ती धर्म नहीं करता। लेकिन इन सब धर्मों के अन्दर जो 'धर्म' है वह हिन्दुस्तान से जा रहा है; हम ईश्वर से विमुख {अलग} होते जा रहें हैं।

पाठक : सो कैसे?

सम्पादक : हिन्दुस्तान पर यह तोहमत है कि हम आलसी हैं और गोरे लोग मेहनती और उत्साही {पुरजोश} हैं। इसे हमने मान लिया है। इसलिए हम अपनी हालत को बदलना चाहते हैं।

हिन्दू, मुस्लिम, जरथोस्ती, ईसाई सब धर्म सिखाते हैं कि हमें दुनियावी बातों के बारे में मंद {सुस्त} और धार्मिक {दीनी} बातों के बारे में उत्साही रहना चाहिए। हमें अपने दुनियावी लोभ की हद बाँधनी चाहिए और धार्मिक लोभ को खुला छोड़ देना चाहिए। हमारा उत्साह {जोश} धार्मिक लोभ में हीं रहना चाहिए।

पाठक : इससे तो मालूम होता है कि आप पाखण्डी {ढोंगी} बनने की तालीम देते हैं। धर्म के बारे में एसी बातें करके ठग लोग दुनिया को ठगते आये हैं और आज भी ठग रहें हैं।

सम्पादक : आप धर्म पर गलत आरोप {तोहमत} लगाते हैं। पाखण्ड तो सब

धर्मों में है। जहाँ सूरज है वहाँ अंधेरा रहता हीं है। परछाई हर एक चीज़ के साथ जुड़ी रहती है। धार्मिक ठगों को आप दुनियावी ठगों से अच्छे पाएँगे। सभ्यता में जो पाखण्ड मैं आपको बता चुका हूँ, वैसा पाखण्ड धर्म में मैंने कभी नहीं देखा।

पाठक : यह कैसे कहा जा सकता है? धर्म के नाम पर हिन्दू-मुसलमान लड़े, धर्म के नाम पर ईसाइयों में बड़े बड़े युद्ध हुए। धर्म के नाम पर हज़ारों बेगुनाह लोग मारे गये, उन्हें जला दिया गया, उन पर बड़ी बड़ी मुसीबतें गुजारी गईं। यह तो सभ्यता से बदतर हीं माना जायेगा।

सम्पादक : तो मैं कहूँगा कि यह सब सभ्यता के दुःख से ज़्यादा बरदाश्त हो सकने जैसा है। आपने जो कुछ कहा वह पाखण्ड है, एसा सब लोग समझते हैं। इसलिए पाखण्ड में फँसे हुए लोग मर गए कि सारा सवाल हल हो गया। जहाँ भोले लोग हैं वहाँ एसा हीं चलता रहेगा। लेकिन उसका असर हमेशा के लिए बुरा नहीं रहता। सभ्यता की होली में जो लोग जल मरे हैं, उनकी तो कोई हद हीं नहीं है। उसकी खूबी यह है कि लोग उसे अच्छा मानकर उसमें कूद पड़ते हैं। फिर वे न तो रहते दीन के और न रहते दुनिया के। वे सच बात को बिल्कुल भूल जाते हैं। सभ्यता चूहे की तरह फूंककर काटती है। उसका असर जब हम जानेंगे तब पुराने वहम मुकाबले में हमें मीठे लगेंगे। मेर कहना यह नहीं कि हमें उन वहमों को कायम रखना चाहिए। नहीं, उनके ख़िलाफ तो हम लड़ेंगे हीं; लेकिन वह लड़ाई धर्म को भूल कर नहीं लड़ी जायेगी, बल्कि सही तौर पर धर्म को समझकर और उसकी रक्षा करके लड़ी जायेगी।

पाठक : तब तो आप यह भी कहेंगे कि अंग्रेज़ों ने हिन्दुस्तान में शान्ति का जो सुख हमें दिया है वह बेकार है।

सम्पादक : आप भले शान्ति देखते हों, पर मैं तो शान्ति का सुख नहीं देखता।

पाठक : तब तो ठग, पिंडारी, भील वगैरा देश में जो त्रास {जुल्म} गुजारते थे उसमें आपके ख़याल से कोई बुराई नहीं थी?

सम्पादक : आप ज़रा सोचेंगे तो मालूम होगा कि उनका त्रास बहुत कम था। अगर सचमुच उनका त्रास भयंकर होता, तो प्रजा का जड़मूल से कभी का नाश हो जाता। और, हाल की शान्ति तो नाम की हीं है। मैं यह कहना चाहता हूँ कि इस शान्ति से हम नामर्द, नपुंसक और डरपोक बन गये हैं। भीलों और पिंडारीयों का स्वभाव अंग्रेज़ों ने बदल दिया है, एसा हम न मान लें। हम पर एसा जुल्म होता हो तो हमें उसे बरदाश्त करना चाहिए। लेकिन दूसरे लोग हमें उस जुल्म से बचाये, यह तो

हमारे लिए बिल्कुल कलंक {दाग} जैसा है। हम कमजोर और डरपोक बनें, इससे तो भीलों के तीर-कमान से मरना मुझे ज़्यादा पसन्द है। उस हालत में जो हिन्दुस्तान था, उसका जोश कुछ दूसरा हीं था। मैकोले ने हिन्दुस्तानियों को नामर्द माना, वह उसकी अधम अज्ञान दशा को बताता है। हिन्दुस्तानी नामर्द कभी नहीं थे। यह जान लीजिये कि जिस देश में पहाड़ी लोग बसते हैं, जहाँ बाघ-भेड़िये रहते हैं, उस देश के रहनेवाले अगर सचमुच डरपोक हों तो उनका नाश हीं हो जाये। आप कभी खेतों

में गये हैं? मैं आपसे यकीनन कहता हूँ कि खेतों में हमारे किसान आज भी निर्भय {निडर} होकर सोते हैं, जब कि अंग्रेज़ और आप वहाँ सोने के लिए आनाकानी करेंगे। बल तो निर्भयता {निडरता} में है; बदन पर माँस के लोंदे होने में बल नहीं है। आप थोड़ा भी सोचेंगे तो इस बात को समझ जायेंगे।

और आपको, जो स्वराज्य चाहनेवाले हैं, मैं सावधान {आगाह} करता हूँ कि भील, पिंडारी और ठग ये सब हमारे हीं देशी भाई हैं। उन्हें जीतना मेरा और आपका काम है। जब तक आपके हीं भाई का डर आपको रहेगा, तब तक आप कभी मक़सद हासिल नहीं कर सकेंगे।

९. हिन्दुस्तान की दशा-रेलगाड़ियाँ

पाठक : हिन्दुस्तान की शान्ति के बारे में मेरा जो मोह था वह आपने ले लिया। अब तो याद नहीं आता कि आपने मेरे पास कुछ भी रहने दिया हो।

सम्पादक : अब तक तो मैंने आपको सिर्फ़ धर्म की दशा का हीं ख़याल कराया है। लेकिन हिन्दुस्तान रंक {कंगाल} क्यों है, इस बारे में मैं अपने विचार आपको बताऊँगा तब तो शायद आप मुझसे नफ़रत हीं करेंगे; क्योंकि आज तक हमने और आपने जिन चीज़ों को लाभकारी माना है, वे मुझे तो नुकसानदेह हीं मालूम होती हैं।

पाठक : वे क्या हैं?

सम्पादक : हिन्दुस्तान को रेलों ने, वकीलों ने और डॉक्टरों ने कंगाल बना दिया है। यह एक एसी हालत है कि अगर हम समय पर नहीं चेतेंगे, तो चारों ओर से घिर कर बरबाद हो जायेंगे।

पाठक : मुझे डर है कि हमारे विचार कभी मिलेंगे या नहीं। आपने तो जो कुछ अच्छा देखने में आया है और अच्छा माना गया है, उसी पर धावा बोल दिया है! अब बाकी क्या रहा?

संपादक : आपको धीरज रखना होगा। सभ्यता नुकसान करनेवाली कैसे है, यह तो मुश्किल से मालूम हो सकता है। डॉक्टर आपको बतलायेंगे कि क्षय का मरीज मौत के दिन तक भी जीने की आशा रखता है। क्षय का रोग बाहर दिखाई देनेवाली हानि नहीं पहुँचाता और वह रोग आदमी को झूठी लाली देता है। इससे बीमार विश्वास में बहता रहता है और आख़िर डूब जाता है। सभ्यता का भी एसा हीं समझिये। वह एक अदृश्य {गैबी} रोग है। उससे चेत कर रहिये।

पाठक : अच्छा, तो अब आप रेल-पुराण सुनाइये।

सम्पादक : आपके दिल में यह बात तुरन्त उठेगी कि अगर रेल न हो तो अंग्रेज़ों का काबू हिन्दुस्तान पर जितना है उतना तो नहीं हीं रहेगा। रेल से महामारी फैली है। अगर रेलगाड़ी न हो तो कुछ हीं लोग एक जगह से दूसरी जगह जायेंगे

और इस कारण संक्रामक {फैलानेवाले} रोग सारे देश में नहीं पहुँच पायेंगे। पहले हम क़ुदरती तौर पर हीं 'सेग्रेगेशन'-सूतक-पालते थे। रेल से अकाल बढ़े हैं, क्योंकि रेलगाड़ी की सुविधा (सुभीता} के कारण लोग अपना अनाज बेच डालते हैं। जहाँ महंगाई हो वहाँ अनाज खिंच जाता है, लोग लापरवाह बनते हैं और उससे अकाल का दु:ख बढ़ता है। रेल से दुष्टता {नीचता} बढ़ती है। बुरे लोग अपनी बुराई तेजी से फैला सकते हैं। हिन्दुस्तान में जो पवित्र {पाक} स्थान थे, वे अपवित्र {नापाक} बन गये हैं। पहले लोग बड़ी मुसीबत से वहाँ जाते थे। एसे लोग वहाँ सच्ची भावना से ईश्वर को भजने जाते थे; अब तो ठगों की टोली सिर्फ़ ठगने के लिए वहाँ जाती है।

पाठक : यह तो आपने इकतरफा बात कही। जैसे ख़राब लोग वहाँ जा सकते हैं वैसे अच्छे भी तो जा सकते हैं। वे क्यों रेलगाड़ी का पूरा लाभ नहीं लेते?

सम्पादक : जो अच्छा होता है वह बीरबहूटी की तरह धीरे चलता है। उसकी रेल से नहीं बनती। अच्छा करनेवाले के मन में स्वार्थ नहीं रहता। वह जल्दी नहीं करेगा। वह जानता है कि आदमी पर अच्छी बात का असर डालने में बहुत समय लगता है। बुरी बात हीं तेजी से बढ़ सकतीं है। घर बनाना मुश्किल है, तोड़ना सहल है। इसलिए रेलगाड़ी हमेशा दुष्टता का हीं फैलाव करेगी, यह बराबर समझ लेना चाहिए। उससे अकाल फैलेगा या नहीं, इस बारे में कोई शास्त्रकार मेरे मन में घड़ी भर शंका पैदा कर सकता है; लेकिन रेल से दुष्टता बढ़ती है यह बात जो मेरे मन में जम गयी है वह मिटनेवाली नहीं है।

पाठक : लेकिन रेल का सबसे बड़ा लाभ दूसरे सब नुकसानों को भुला देता है। रेल है तो आज हिन्दुस्तान में एक राष्ट्र का जोश देखने में आता है। इसलिए मैं तो कहूँगा कि रेल के आने से कोई नुकसान नहीं हुआ।

सम्पादक : यह आपकी भूल हीं है। आपको अंग्रेज़ों ने सिखाया है कि आप एक राष्ट्र नहीं थे और एक राष्ट्र बनने में आपको सैकड़ों बरस लगेंगे। यह बात बिल्कुल बेबुनियाद है। जब -अंग्रेज़ हिन्दुस्तान में नहीं थे तब हम एक-राष्ट्र थे, हमारे विचार एक थे, हमारा रहन-सहन एक था। तभी तो अंग्रेजों ने यहाँ एक राज्य कायम किया। भेद तो हमारे बीच बाद में उन्होंने पैदा किये।

पाठक : यह बात मुझे ज़्यादा समझनी होगी।

सम्पादक : मैं जो कहता हूँ वह बिना सोचे-समझे नहीं कहता। एक-राष्ट्र का यह अर्थ नहीं कि हमारे बीच कोई मतभेद नहीं था; लेकिन हमारे मुख्य लोग पैदल या बैलगाड़ी में हिन्दुस्तान का सफ़र करते थे, वे एक-दूसरे की भाषा सीखते थे और उनके बीच कोई अन्तर नहीं था। जिन दूरदर्शी (दूरंदेश} पुरुषों ने सेतुबंध

रामेश्वर, जगन्नाथपुरी और हरद्वार की यात्रा ठहराई {निश्चित की}, उनका आपकी राय में क्या ख़याल होगा? वे मूर्ख नहीं थे, यह तो आप कबूल करेंगे। वे जानते थे कि ईश्वर-भजन घर बैठे भी होता है। उन्हीं ने हमें यह सिखाया है कि मन चंगा तो कठौती में गंगा। लेकिन उन्होंने सोचा कि कुदरत ने हिन्दुस्तान को एक-देश बनाया है, इसलिए वह एक राष्ट्र होना चाहिए। इसलिए उन्होंने अलग अलग स्थान तय करके लोगों को एकता का विचार इस तरह दिया, जैसा दुनिया में और कहीं नहीं दिया गया है। दो अंग्रेज जितने एक नहीं हैं उतने हम हिन्दुस्तानी एक थे और एक हैं। सिर्फ़ हम और आप जो ख़ुद को सभ्य मानते हैं उन्हीं के मन में एसा आभास (भ्रम) पैदा हुआ कि हिन्दुस्तान में हम अलग अलग राष्ट्र हैं। रेल के कारण हम अपने को अलग राष्ट्र मानने लगे और रेल के कारण एक राष्ट्र का ख़याल फिर से हमारे मन में आने लगा, एसा आप माने तो मुझे हर्ज़ नहीं है। अफ़ीमची कह सकता है कि अफ़ीम के नुकसान का पता मुझे अफ़ीम से चला, इसलिए अफ़ीम अच्छी चीज़ है। यह सब आप अच्छी तरह सोचिए। अभी आपके मन में और भी शंकाएँ उठेंगी। लेकिन आप ख़ुद उन सबको हल कर सकेंगे।

पाठक : आपने जो कुछ कहा उस पर मैं सोचूँगा। लेकिन एक सवाल मेरे मन में इसी समय उठता है। मुसलमान हिन्दुस्तान में आये उसके पहले के हिन्दुस्तान की बात आपने की। लेकिन अब तो मुसलमानों, पारसियों, ईसाइयों की हिन्दुस्तान में बड़ी संख्या है। वे एक राष्ट्र नहीं हो सकते। कहा जाता है कि हिन्दू-मुसलमानों में कट्टर बैर है। हमारी कहावतें भी एसी हीं हैं। 'मियाँ और महादेव की नहीं बनेगी।' हिन्दू पूर्व में ईश्वर को पूजता है, तो मुस्लिम पश्चिम में पूजता है। मुसलमान हिन्दू को बुतपरस्त-मूर्तिपूजक-मानकर उससे नफ़रत करता है। हिन्दू मूर्तिपूजक है, मुसलमान मूर्ति को तोड़नेवाला है। हिन्दू गाय को पूजता है, मुसलमान उसे मारता है। हिन्दू अहिंसक है, मुसलमान हिंसक। यों पग-पग पर जो विरोध {बेमेल} है, वह कैसे मिटे और हिन्दुस्तान एक कैसे हो?

10. हिन्दुस्तान की दशा-हिन्दू-मुसलमान

सम्पादक : आपका आखरी सवाल बड़ा गम्भीर मालूम होता है। लेकिन सोचने पर वह सहल मालूम होगा। यह सवाल उठा है, उसका कारण भी रेल, वकील और डॉक्टर हैं। वकीलों और डॉक्टरों का विचार तो अभी करना बाकी है। रेलों का विचार हम कर चुके। इतना मैं जोड़ता हूँ कि मनुष्य इस तरह पैदा किया गया है कि अपने हाथ-पैर से बने उतनी हीं आने-जाने वगैरा की हलचल उसे करनी चाहिए। अगर हम रेल वगैरा साधनों से दौड़धूप करें हीं नहीं, तो बहुत पेचीदे सवाल हमारे सामने आयेंगे हीं नहीं। हम ख़ुद होकर दु:ख को न्योतते हैं। भगवान ने मनुष्य की हद उसके शरीर की बनावट से हीं बाँध दी, लेकिन मनुष्य ने उस बनावट की हद को लाँघने के उपाय {तरकीबें} ढूँढ निकाले। मनुष्य को अकल इसलिए दी गई है कि उसकी मदद से वह भगवान को पहचाने। पर मनुष्य ने अकल का उपयोग भगवान को भूलने में किया। मैं अपनी क़ुदरती हद के मुताबिक अपने आसपास रहनेवालों की हीं सेवा कर सकता हूँ; पर मैंने तुरन्त अपनी मगरूरी में ढूँढ निकाला कि मुझे तो सारी दुनिया की सेवा अपने तन से करनी चाहिए। एसा करने में अनेक धर्मों के और कई तरह के लोगों का साथ होगा। यह बोझ मनुष्य उठा हीं नहीं सकता और इसलिए अकुलाता है। इस विचार से आप समझ लेंगे कि रेलगाड़ी सचमुच एक तूफानी साधन है। मनुष्य रेलगाड़ी का उपयोग करके भगवान को भूल गया है।

पाठक : पर मैं तो अब जो सवाल मैंने उठाया है उसका जवाब सुनने को अधीर हो रहा हूँ। मुसलमानों के आने से हमारा एक राष्ट्र रहा या मिटा?

सम्पादक : हिन्दुस्तान में चाहे जिस धर्म के आदमी रह सकते हैं; उससे वह एक-राष्ट्र मिटनेवाला नहीं है। जो नये लोग उसमें दाखिल होते हैं, वे उसकी प्रजा को तोड़ नहीं सकते, वे उसकी प्रजा में घुलमिल जाते हैं। एसा हो तभी कोई मुल्क एक-राष्ट्र माना जाएगा। एसे मुल्क में दूसरे लोगों का समावेश करने का गुण होना चाहिए। हिन्दुस्तान एसा था और आज भी है। यों तो जितने आदमी उतने धर्म एसा

मान सकते हैं। एक राष्ट्र होकर रहनेवाले लोग एक-दूसरे के धर्म में दखल नहीं देते; अगर देते हैं तो समझना चाहिए कि वे एक-राष्ट्र होने लायक नहीं हैं। अगर हिन्दू माने कि सारा हिन्दुस्तान सिर्फ़ हिन्दुओं से भरा होना चाहिए, तो यह एक निरा सपना है। मुसलमान अगर एसा माने कि उसमें सिर्फ़ मुसलमान हीं रहें, तो उसे भी सपना हीं समझिये। फिर भी हिन्दू, मुसलमान, पारसी, ईसाई, जो इस देश को अपना वतन मानकर बस चुके हैं एक-देशी, एक मुल्की हैं, वे देशी-भाई हैं, और उन्हें एक-दूसरे के स्वार्थ के लिए भी एक होकर रहना पड़ेगा। दुनिया के किसी भी हिस्से में एक-राष्ट्र का अर्थ एक-धर्म नहीं किया गया है; हिन्दुस्तान में तो एसा था हीं नहीं।

पाठक : लेकिन दोनों कौमों के कट्टर बैर का क्या?

सम्पादक : 'कट्टर बैर' शब्द दोनों के दुश्मन ने खोज निकाला है। जब हिन्दू-मुसलमान झगड़ते थे तब वे एसी बातें भी करते थे। झगड़ा तो हमारा सबका बंद हो गया है। फिर कट्टर बैर काहे का? और इतना याद रखिए कि अंग्रेज़ों के आने के बाद हीं हमारा झगड़ा बन्द हुआ एसा नहीं है। हिन्दू लोग मुसलमान बादशाहों के मातहत और मुसलमान हिन्दू राजाओं के मातहत रहते आये हैं। दोनों को बाद में समझ में आ गया कि झगड़ने से कोई फायदा नहीं; लड़ाई से कोई अपना धर्म नहीं छोड़ेंगे और कोई अपनी जिद भी नहीं छोड़ेंगे। इसलिए दोनों ने मिलकर रहने का फैसला किया। झगड़े तो फिर से अंग्रेज़ों ने शुरू करवाये।

'मियां और महादेव की नहीं बनती' इस कहावत का भी एसा हीं समझिये। कुछ कहावतें हमेशा के लिए रह जाती हैं और नुकसान करती हीं रहती हैं। हम कहावत की में इतना भी याद नहीं रखते कि बहुतेरे हिन्दुओं और मुसलमानों के बाप-दादे एक हीं थे, हमारे अन्दर एक हीं ख़ून है। क्या धर्म बदला इसलिए हम आपस में दुश्मन बन गये? धर्म तो एक हीं जगह पहुँचने के अलग-अलग रास्ते हैं। हम दोनों अलग-अलग रास्ते लें, इससे क्या हो गया? उसमें लड़ाई काहे की?

और एसी कहावतें तो शैवों और वैष्णवों में भी चलती हैं; पर इससे कोई यह नहीं कहेगा कि वे एक-राष्ट्र नहीं हैं। वेदधर्मियों और जैनों के बीच बहुत फर्क माना जाता है, फिर भी इससे वे अलग राष्ट्र नहीं बन जाते। हम ग़ुलाम हो गये हैं, इसीलिए अपने झगड़े हम तीसरे के पास ले जाते हैं।

जैसे मुसलमान मूर्ति का खण्डन करनेवाले हैं, वैसे हिन्दुओं में भी मूर्ति का खण्डन करनेवाला एक वर्ग देखने में आता है। ज्यों ज्यों सही ज्ञान बढ़ेगा त्यों त्यों हम समझते जायेंगे कि हमें पसन्द न आनेवाला धर्म दूसरा आदमी पालता हो, तो भी उससे बैरभाव रखना हमारे लिए ठीक नहीं; हम उस पर जबरदस्ती न करें।

पाठक : अब गोरक्षा के बारे में अपने विचार बताइये।

सम्पादक : मैं ख़ुद गाय को पूजता हूँ यानी मान देता हूँ। गाय हिन्दुस्तान की रक्षा करनेवाली है, क्योंकि उसकी सन्तान पर हिन्दुस्तान का, जो खेती-प्रधान देश है, आधार है। गाय कई तरह से उपयोगी जानवर है। वह उपयोगी जानवर है, यह तो मुसलमान भाई भी कबूल करेंगे।

लेकिन जैसे मैं गाय को पूजता हूँ वैसे मैं मनुष्य को भी पूजता हूँ। जैसे गाय उपयोगी है वैसे मनुष्य भी-फिर चाहे वह मुसलमान हो या हिन्दू-उपयोगी है। तब कया गाय को बचाने के लिए मैं मुसलमान से लडूंगा? क्या उसे मैं मारूंगा? एसा करने से मैं मुसलमान का और गाय का भी दुश्मन बनूँगा। इसलिए मैं कहूँगा कि गाय की रक्षा करने का एक यही उपाय है कि मुझे अपने मुसलमान भाई के सामने हाथ जोड़ने चाहिए और उसे देश के खातिर गाय को बचाने के लिए समझाना चाहिए। अगर वह न समझे तो मुझे गाय को मरने देना चाहिए, क्योंकि वह मेरे बस की बात नहीं। अगर मुझे गाय पर अत्यन्त {बेहद} दया आती हो तो अपनी जान दे देनी चाहिए, लेकिन मुसलमान की जान नहीं लेनी चाहिए। वही धार्मिक क़ानून है, एसा मैं तो मानता हूँ।

'हाँ' और 'नहीं' के बीच हमेशा बैर रहता है। अगर मैं वाद-विवाद {बहस} करूँगा, तो मुसलमान भी वाद-विवाद करेगा। अगर मैं टेढ़ा बनूँगा, तो वह भी टेढ़ा बनेगा। अगर मैं बालिश्त भर नमूँगा, तो वह हाथ भर नमेगा; और अगर वह नहीं भी नमे तो मेरा नमना गलत नहीं कहलायेगा। जब हमने जिद की तब गोकुशी बढ़ी। मेरी राय है कि गोरक्षा प्रचारिणी सभा गोवध प्रचारिणी सभा मानी जानी चाहिए। एसी सभा का होना हमारे लिए बदनामी की बात है। जब गाय की रक्षा करना हम भूल गये तब एसी सभा की ज़रूरत पड़ी होगी।

मेरा भाई गाय को मारने दौड़े, तो मैं उसके साथ कैसा बरताव करूँगा? उसे मारूँगा या उसके पैरों में पडूँगा? अगर आप कहें कि मुझे उसके पाँव पड़ना चाहिए, तो मुझे मुसलमान भाई के भी पाँव पड़ना चाहिए।

गाय को दुःख देकर हिन्दू गाय का वध करता है; इससे गाय को कौन छुड़ाता है? जो हिन्दू गाय की औलाद {बैल को} को पैना (आर) भोंकता है, उस हिन्दू को कौन समझाता है? इससे हमारे एक-राष्ट्र होने में कोई रूकावट नहीं आई है।

अन्त में, हिन्दू अहिंसक और मुसलमान हिंसक है, यह बात अगर सही हो तो अहिंसक का धर्म क्या है? अहिंसक को आदमी की हिंसा करनी चाहिए, एसा कहीं लिखा नहीं है। अहिंसक के लिए तो राह सीधी है। उसे एक को बचाने के लिए

दूसरे की हिंसा करनी हीं नहीं चाहिए। उसे तो मात्र चरण-वंदना करनी चाहिए, सिर्फ़ समझाने का काम करना चाहिए। इसी में उसका पुरूषार्थ {बहादुरी} है।

लेकिन कया तमाम हिन्दू अहिंसक हैं? सवाल की जड़ में जाकर विचार करने पर मालूम होता है कि कोई भी अहिंसक नहीं है, क्योंकि जीव को तो हम मारते हीं हैं। लेकिन इस हिंसा से हम छूटना चाहते हैं, इसलिए अहिंसक (कहलाते हैं। साधारण विचार करने से मालूम होता है कि बहुत से हिन्दू माँस खाने वाले हैं, इसलिए वे अहिंसक नहीं माने जा सकते। खींच-तानकर दूसरा अर्थ करना हो तो मुझे कुछ कहना नहीं है। जब एसी हालत है तब मुसलमान हिंसक और हिन्दू अहिंसक हैं, इसलिए दोनों की नहीं बनेगी, वह सोचना बिल्कुल गलत है।

एसे विचार स्वार्थी धर्मशिक्षकों, शास्त्रियों और मुल्लाओं ने हमें दिये हैं। और इसमें जो कमी रह गई थी, उसे अंग्रेज़ों ने पूरा किया है। उन्हें इतिहास लिखने की आदत है; हर एक जाति के रीति-रिवाज जानने का वे दंभ {दिखावा} करते हैं। ईश्वर ने हमारा मन तो छोटा बनाया है, फिर भी वे ईश्वरी दावा करते आये हैं और तरह तरह के प्रयोग {आजमाइश} करते हैं। वे अपने बाजे ख़ुद बजाते हैं और हमारे मन में अपनी बात सही होने का विश्वास जमाते हैं। हम भोलेपन में उस सब पर भरोसा कर लेते हैं।

जो टेढ़ा नहीं देखना चाहते वे देख सकेंगे कि कुरान शरीफ़ में एसे सैकड़ों वचन हैं, जो हिन्दुओं को मान्य {मन्जूर} हों; भगवद्गीता में एसी बातें लिखी हैं कि जिनके ख़िलाफ मुसलमान को कोई भी ऐतराज नहीं हो सकता। कुरान शरीफ़ का कुछ भाग मैं न समझ पाऊँ या कुछ भाग मुझे पसन्द न आये, इस वजह से क्या मैं उसे माननेवाले से नफ़रत करूँ? झगड़ा दो से हीं हो सकता है। मुझे झगड़ा नहीं करना हो, तो मुसलमान क्या करेगा? और मुसलमान को झगड़ा न करना हो, तो मैं क्या कर सकता हूँ? हवा में हाथ उठानेवाले का हाथ उखड़ जाता है। सब अपने अपने धर्म का स्वरूप समझकर उससे चिपके रहें और शास्त्रियों व मुल्लाओं को बीच में न आने दें, तो झगड़े का मुँह हमेशा के लिए काला हीं रहेगा।

पाठक : अंग्रेज़ दोनों कौम का मेल होने देंगे?

सम्पादक : यह सवाल डरपोक आदमी का है। यह सवाल हमारी हीनता को दिखाता है। अगर दो भाई चाहते हों कि उनका आपस में मेल बना रहें, तो कौन उनके बीच में आ सकता है? अगर तीसरा आदमी दोनों के बीच झगड़ा पैदा कर सकें, तो उन भाइयों को हम कच्चे दिल के कहेंगे। उसी तरह अगर हम-हिन्दू और मुसलमान-कच्चे दिल के होंगे, तो फिर अंग्रेज़ों का कसूर निकालना बेकार होगा।

कच्चा घड़ा एक कंकड़ से नहीं तो दूसरे कंकड़ से फूटेगा हीं। घड़े को बचाने का रास्ता यह नहीं है कि उसे कंकड़ से दूर रखा जाय, बल्कि यह है कि उसे पक्का बनाया जाय, जिससे कंकड़ का भय हीं न रहें। उसी तरह हमें पक्के दिल के बनना है। हम दोनों में से कोई एक (भी) पक्के दिल के होंगे, तो तीसरे की कुछ नहीं चलेगी। यह काम हिन्दू आसानी से कर सकते हैं। उनकी संख्या बड़ी है, वे अपने को ज़्यादा पढ़े-लिखे मानते हैं; इसलिए वे पक्का दिल रख सकते हैं।

दोनों कौम के बीच अविश्वास {ना एतबार} है, इसलिए मुसलमान लोर्ड मोर्ले से कुछ हक़ माँगते हैं। इसमें हिन्दू क्यों विरोध करें? अगर हिन्दू विरोध न करें, तो अंग्रेज चौकेंगे, मुसलमान धीरे धीरे हिन्दुओं का भरोसा करने लगेंगे और दोनों का भाईचारा बढ़ेगा। अपने झगड़े अंग्रेज़ों के पास ले जाने में हमें शरमाना चाहिए। एसा करने से हिन्दू कुछ खोनेवाले नहीं हैं; इसका हिसाब आप ख़ुद लगा सकेंगे। जिस आदमी ने दूसरे पर विश्वास किया, उसने आज तक कुछ खोया नहीं है।

मैं यह नहीं कहना चाहता कि हिन्दू-मुसलमान कभी झगड़ेंगे हीं नहीं। दो भाई साथ रहें तो उनके बीच तकरार होती है। कभी हमारे सिर भी फूटेंगे। एसा होना ज़रूरी नहीं है, लेकिन सब लोग एक सी अकल के नहीं होते। दोनों जोश में आते हैं तब अकसर गलत काम कर बेठते हैं। उन्हें हमें सहन करना होगा। लेकिन एसी तकरार को भी बड़ी वकालत बघारकर हम अंग्रेज़ों की अदालत में न ले जायें। दो आदमी लड़े, लड़ाई में दोनों के सिर या एक का सिर फूटे, तो उसमें तीसरा कया न्याय करेगा? जो लड़ेंगे वे जख्मी भी होंगे। बदन से बदन टकरायेगा तब कुछ निशानी तो रहेंगी हीं। उसमें न्याय कया हो सकता है?

11. हिन्दुस्तान की दशा-वकील

पाठक : आप कहते हैं कि दो आदमी झगड़ें तब उसका न्याय भी नहीं कराना चाहिए। यह तो आपने अजीब बात कही।

सम्पादक : इसे अजीब कहिये या दूसरा कोई विशेषण {सिफ़्त} लगाइए, पर बात सही है। आपकी शंका हमें वकील-डॉक्टरों की पहचान कराती है। मेरी राय है कि वकीलों ने हिन्दुस्तान को ग़ुलाम बनाया है, हिन्दू-मुसलमानों के झगड़े बढ़ाये हैं और अंग्रेज़ी हुकूमत को यहाँ मज़बूत किया है।

पाठक : एसे इलज़ाम लगाना आसान है, लेकिन उन्हें साबित करना मुश्किल होगा। वकीलों के सिवा दूसरा कौन हमें आजादी का मार्ग बताता? उनके सिवा गरीबों का बचाव कौन करता? उनके सिवा कौन हमें न्याय दिलाता? देखिये, स्व मनमोहन घोष ने कितनों को बचाया? ख़ुद एक कौड़ी भी उन्होंने नहीं ली। कांग्रेस, जिसके आपने हीं बखान किये हैं, वकीलों से निभती है और उनकी मेहनत से हीं उसमें काम होते हैं। इस वर्ग {जमात} की आप निन्दा करें, यह इन्साफ़ के साथ गैर-इन्साफ़ करने जैसा है। वह तो आपके हाथ में अख़बार आया इसलिए चाहे जो बोलने की छूट लेने जैसा लगता है।

सम्पादक : जैसा आप मानते हैं वैसा हीं मैं भी एक समय मानता था। वकीलों ने कभी कोई अच्छा काम नहीं किया, एसा मैं आपसे नहीं कहना चाहता। मि. मनमोहन घोष की मैं इज़्ज़त करता हूँ। उन्होंने गरीबों की मदद की थी यह बात सही है। कांग्रेस में वकीलों ने कुछ काम किया है, यह भी हम मान सकते हैं। वकील भी आख़िर मनुष्य है; और मनुष्यजाति में कुछ तो अच्छाई है हीं। वकीलों की भलमनसी के जो बहुत से किस्से देखने में आते हैं, वे तभी हुए जब वे अपने को वकील समझना भूल गये। मुझे तो आपको सिर्फ़ यही दिखाना है कि उनका धंधा उन्हें अनीति सिखानेवाला है। वे बुरे लालच में फँसते हैं, जिसमें से उबरनेवाले बिरले हीं होते हैं।

हिन्दू-मुसलमान आपस में लड़े हैं। तटस्थ {बेतरफ़दार} आदमी उनसे कहेगा कि आप गयी-बीती को भूल जायें; इसमें दोनों का कसूर रहा होगा। अब दोनों मिलकर रहिये। लेकिन वे वकील के पास जाते हैं। वकील का फ़र्ज़ हो जाता है कि वह मुवक्किल की ओर जोर लगाये। मुवक्किल के ख़याल में भी न हों एसी दलीलें मुवक्किल की ओर से ढूँढना वकील का काम है। अगर वह एसा नहीं करता तो माना जाएगा कि वह अपने पेशे को बट्टा लगाता है। इसलिए वकील तो आम तौर पर झगड़ा आगे बढ़ाने की हीं सलाह देगा।

लोग दूसरों का दुःख दूर करने के लिए नहीं, बल्कि पैसा पैदा करने के लिए वकील बनते हैं। वह एक कमाई का रास्ता है। इसलिए वकील का स्वार्थ झगड़ा बढ़ाने में है। वह तो मेरी जानी हुई बात है कि जब झगड़े होते हैं तब वकील ख़ुश होते हैं। मुख़तार लोग भी वकील की जात के हैं। जहाँ झगड़े नहीं होते वहाँ भी वे झगड़े खड़े करते हैं। उनके दलाल जोंक की तरह गरीब लोगों से चिपकते हैं और उनका ख़ून चूस लेते हैं। वह पेशा एसा है कि उसमें आदमियों को झगड़े के लिए बढ़ावा मिलता हीं है। वकील लोग निठल्ले होते हैं।

आलसी लोग ऐश-आराम करने के लिए वकील बनते हैं। यह सही बात है। वकालत का पेशा बड़ा आबरूदार पेशा है, एसा खोज निकालनेवाले भी वकील हीं हैं। क़ानून वे बनाते हैं, उसकी तारीफ़ भी वे हीं करते हैं। लोगों से क्या दाम लिये जायें, यह भी वे हीं तय करते हैं; और लोगों पर रोब जमाने के लिए आडंबर {दिखावा} एसा करते हैं, मानों वे आसमान से उतर कर आये हुए देवदूत {फरिश्ते} हों!

वे मजदूर से ज़्यादा रोज़ी क्यों माँगते हैं? उनकी ज़रूरतें मज़दूर से ज़्यादा क्यों हैं? उन्होंने मज़दूर से ज़्यादा देश का क्या भला किया है? क्या भला करनेवाले को ज़्यादा पैसा लेने का हक़ है? और अगर पैसे के खातिर उन्होंने भला किया हो, तो उसे भला कैसे कहा जाय? यह तो उस पेशे का जो गुण है वह मैंने बताया।

वकीलों के कारण हिन्दू-मुसलमानों के बीच कुछ दंगे हुए हैं, यह तो जिन्हें अनुभव है वे जानते होंगे। उनसे कुछ खानदान बरबाद हो गये हैं। उनकी बदौलत भाईयों में ज़हर दाखिल हो गया है। कुछ रियासतें वकीलों के जाल में फँसकर कर्जदार हो गयी हैं। बहुत से गरासिये {राजवंशी जागीरदार} इन वकीलों की कारस्तानी से लुट गये हैं। एसी बहुत सी मिसालें दी जा सकतीं हैं।

लेकिन वकीलों से बड़े से बड़ा नुकसान तो यह हुआ है कि अंग्रेज़ों का जुआ हमारी गर्दन पर मज़बूत जम गया है। आप सोचिये। क्या आप मानते हैं कि अंग्रेज़ी

अदालते यहाँ न होतीं तो वे हमारे देश में राज कर सकते थे? ये अदालते लोगों के भले के लिए नहीं हैं। जिन्हें अपनी सत्ता कायम रखनी है, वे अदालतों के जरिये लोगों को बस में रखते हैं। लोग अगर ख़ुद अपने झगड़े निबटा लें, तो तीसरा आदमी उन पर अपनी सत्ता नहीं जमा सकता। सचमुच जब लोग ख़ुद मार-पीट करके या रिश्तेदारों को पंच बनाकर अपना झगड़ा निबटा लेते थे तब वे बहादुर थे। अदालते आयीं और वे कायर बन गये। लोग आपस में लड़ कर झगड़े मिटायें, यह जंगली माना जाता था। अब तीसरा आदमी झगड़ा मिटाता है, यह क्या कम जंगलीपन है? क्या कोई एसा कह सकेगा कि तीसरा आदमी जो फैसला देता है वह सही फैसला हीं होता है? कोन सच्चा है, यह दोनों पक्ष के लोग जानते हैं। हम भोलेपन में मान लेते हैं कि तीसरा आदमी हमसे पैसे लेकर हमारा इन्साफ़ करता है।

इस बात को अलग रखें। हक़ीकत तो यही दिखानी है कि अंग्रेजों ने अदालतों के जरिये हम पर अंकुश जमाया है और अगर हम वकील न बनें तो ये अदालते चल हीं नहीं सकतीं। अगर अंग्रेज़ हीं जज होते, अंग्रेज़ हीं वकील होते और अंग्रेज़ हीं सिपाही होते, तो वे सिर्फ़ अंग्रेज़ों पर हीं राज करते। हिन्दुस्तानी जज और हिन्दुस्तानी वकील के बगैर उनका काम चल नहीं सका। वकील कैसे पैदा हुए, उन्होंने कैसी धांधल मचाई, यह सब अगर आप समझ सकें, तो मेरे जितनी हीं नफ़रत आपको भी इस पेशे के लिए होगी। अंग्रेज़ी सत्ता की एक मुख्य {बड़ी} कुन्जी उनकी अदालते हैं और अदालतों की कुन्जी वकील हैं। अगर वकील वकालत करना छोड़ दें और वह पेशा वेश्या के पेशे जैसा नीच माना जाय, तो अंग्रेज़ी राज एक दिन में टूट जाय। वकीलों ने हिन्दुस्तानी प्रजा पर यह तोहमत लगवाई है कि हमें झगड़े प्यारे हैं और हम कोर्ट-कचहरी रूपी पानी की मछलियाँ हैं।

जो शब्द मैं वकीलों के लिए इस्तेमाल करता हूँ, वे हीं शब्द जजों को भी लागू होते हैं। ये दोनों मौसेरे भाई हैं और एक-दूसरे को बल देनेवाले हैं।

12. हिन्दुस्तान की दशा-डॉक्टर

पाठक : वकीलों की बात तो हम समझ सकते हैं। उन्होंने जो अच्छा काम किया है वह जान-बूझकर नहीं किया, एसा यकीन होता है। बाकी उनके धंधे को देखा जाय तो वह कनिष्ठ {बहुत हलका} हीं है। लेकिन आप तो डॉक्टरों को भी उनके साथ घसीटते हैं। यह कैसे?

सम्पादक : मैं जो विचार आपके सामने रखता हूँ, वे इस समय तो मेरे अपने हीं हैं। लेकिन एसे विचार मैंने हीं किये हैं सो बात नहीं। पश्चिम के सुधारक ख़ुद मुझसे ज़्यादा सख़्त शब्दों में इन धंधों के बारे में लिख गये हैं। उन्होंने वकीलों और डॉक्टरों की बहुत निन्दा की है। उनमें से एक लेखक ने एक ज़हरी पेड़ का चित्र खींचा है, वकील-डॉक्टर वगैरा निकम्मे धंधेवालों को उसकी शाखाओं के रूप में बताया है और उस पेड़ के तने पर नीति-धर्म की कुल्हाड़ी उठाई है। अनीति को इन सब धंधों की जड़ बताया है। इससे आप यह समझ लेंगे कि मैं आपके सामने अपने दिमाग से निकाले हुए नये विचार नहीं रखता, लेकिन दूसरों का और अपना अनुभव आपके सामने रखता हूँ।

डॉक्टरों के बारे में जैसे आपको अभी मोह है वैसे कभी मुझे भी था। एक समय एसा था जब मैंने ख़ुद डॉक्टर होने का इरादा किया था और सोचा था कि डॉक्टर बनकर कौम की सेवा करूँगा। मेरा यह मोह अब मिट गया है। हमारे समाज में वैद्य का धंधा कभी अच्छा माना हीं नहीं गया, इसका भान अब मुझे हुआ है; और उस विचार की कीमत मैं समझ सकता हूँ।

अंग्रेजों ने डॉक्टरी विद्या से भी हम पर काबू जमाया है। डॉक्टरों में दंभ की भी कमी नहीं है। मुगल बादशाह को भरमानेवाला एक अंग्रेज़ डॉक्टर हीं था। उसने बादशाह के घर में कुछ बीमारी मिटाई, इसलिए उसे सिरोपाव मिला। अमीरों के पास पहुँचनेवाले भी डॉक्टर हीं हैं।

डॉक्टरों ने हमें जड़ से हिला दिया है। डॉक्टरों से नीम-हक़ीम ज़्यादा अच्छे, एसा कहने का मेरा मन होता है। इस पर हम कुछ विचार करें।

डॉक्टरों का काम सिर्फ़ शरीर को संभालने का है; या शरीर को संभालने का भी नहीं है। उनका काम शरीर में जो रोग पैदा होते हैं उन्हें दूर करने का है। रोग क्यों होते हैं? हमारी हीं गफ़लत से। मैं बहुत खाऊँ और मुझे बदहजमी, अजीरन हो जाय; फिर मैं डॉक्टर के पास जाँऊ और वह मुझे गोली दे; गोली खाकर मैं चंगा हो जाँऊ और दुबारा खूब खाऊँ और फिर से गोली लूँ। अगर मैं गोली न लेता तो अजीरन की सज़ा भुगतता और फिर से बेहद नहीं खाता। डॉक्टर बीच में आया और उसने हदसे ज़्यादा खाने में मेरी मदद की। उससे मेरे शरीर को तो आराम हुआ, लेकिन मेरा मन कमज़ोर बना। इस तरह आख़िर मेरी यह हालत होगी कि मैं अपने मन पर ज़रा भी काबू न रख सकूँगा।

मैंने विलास किया, मैं बीमार पड़ा; डॉक्टर ने मुझे दवा दी और मैं चंगा हुआ। क्या मैं फिर से विलास नहीं करूँगा? ज़रूर करूँगा। अगर डॉक्टर बीच में न आता तो कुदरत अपना काम करती, मेरा मन मज़बूत बनता और अन्त में निर्विषयी। बे-नन्स-परस्त} होकर मैं सुखी होता।

अस्पतालें पाप की जड़ हैं। उनकी बदौलत लोग शरीर का जतन कम करते हैं और अनीति को बढ़ाते हैं।

यूरोप के डॉक्टर तो हद करते हैं। वे सिर्फ़ शरीर के हीं गलत जतन के लिए लाखों जीवों को हर साल मारते हैं, जिंदा जीवों पर प्रयोग करते हैं। एसा करना किसी भी धर्म को मन्जूर नहीं। हिन्दू, मुसलमान, ईसाई, जरथोस्ती-सब धर्म कहते हैं कि आदमी के शरीर के लिए इतने जीवों को मारने की ज़रूरत नहीं।

डॉक्टर हमें धर्मभ्रष्ट {बेदीन} करते हैं। उनकी बहुत सी दवाओं में चरबी या दारू होती है। इन दोनों में से एक भी चीज़ हिन्दू-मुसलमान को चल सके एसी नहीं है। हम सभ्य होने का ढोंग करके, दूसरों को वहमी मानकर और बे-लगाम {स्वच्छन्द} होकर चाहे सो करते रहें; यह दूसरी बात है। लेकिन डॉक्टर हमें धर्म से भ्रष्ट करते हैं, यह साफ़ और सीधी बात है।

इसका परिणाम {नतीजा} यह आता है कि हम निःसत्व {जिसमें कुछ दम न हो} और नामर्द बनते हैं। एसी दशा में हम लोकसेवा करने लायक नहीं रहते और शरीर से क्षीण {कमज़ोर} और बुद्धिहीन {बे-अक़ल} होते जा रहें हैं। अंग्रेज़ी या यूरोपियन डॉक्टरी सीखना ग़ुलामी की गाँठ को मज़बूत बनाने जैसा है।

हम डॉक्टर क्यों बनते हैं, यह भी सोचने की बात है। उसका सच्चा कारण तो आबरूदार और पैसा कमाने का धंधा करने की इच्छा है। उसमें परोपकार की बात नहीं है। उस धन्धे में परोपकार नहीं है, यह तो मैं बता चुका। उससे लोगों को नुकसान होता है। डॉक्टर सिर्फ़ आडम्बर दिखाकर हीं लोगों से बड़ी फीस वसूल करते हैं और अपनी एक पैसे की दवा के कई रूपये लेते हैं। यों विश्वास में और चंगे हो जाने की आशा में लोग डॉक्टरों से ठगे जाते हैं। जब एसा हीं है तब भलाई का दिखावा करनेवाले डॉक्टरों से खुले ठग-वैद्य (नीम-हक़ीम) ज़्यादा अच्छे।

13. सच्ची सभ्यता कौन सी?

पाठक : आपने रेल को रद कर दिया, वकीलों की निन्दा की, डॉक्टरों को दबा दिया। तमाम कल-काम {यन्त्रकाम} को भी आप नुकसानदेह मानेंगे, एसा मैं देख सकता हूँ। तब सभ्यता {तहजीब} कहें तो किसे कहें?

सम्पादक : इस सवाल का जवाब मुश्किल नहीं है। मैं मानता हूँ कि जो सभ्यता हिन्दुस्तान ने दिखायी है, उसको दुनिया में कोई नहीं पहुँच सकता। जो बीज हमारे पुरखों ने बोए हैं, उनकी बराबरी कर सके एसी कोई चीज़ देखने में नहीं आयी। रोम मिट्टी में मिल गया, ग्रीस का सिर्फ़ नाम हीं रह गया, मिस्र की बादशाही चली गई, जापान पश्चिम के शिकंजे में फँस गया और चीन का कुछ भी कहा नहीं जा सकता। लेकिन गिरा-टूटा जैसा भी हो, हिन्दुस्तान आज भी अपनी बुनियाद में मज़बूत है।

जो रोम और ग्रीस गिर चुके हैं, उनकी किताबों से यूरोप के लोग सीखते हैं। उनकी गलतियाँ वे नहीं करेंगे एसा गुमान {अभिमान} रखते हैं। एसी उनकी कंगाल हालत है, जब कि हिन्दुस्तान अचल है, अडिग है। यही उसका भूषण है। हिन्दुस्तान पर आरोप लगाया जाता है कि वह एसा जंगली, एसा अज्ञान है कि उससे जीवन में कुछ फेरबदल कराये हीं नहीं जा सकते। यह आरोप हमारा गुण {सिफ़त} है, दोष {नुक़्स} नहीं। अनुभव {तजरबा} से जो हमें ठीक लगा है, उसे हम क्यों बदलेंगे? बहुत से अकल देनेवाले आते-जाते रहते हैं, पर हिन्दुस्तान अडिग रहता है। यह उसकी खूबी है, यह उसका लंगर है।

सभ्यता वह आचरण {बरताव} है जिससे आदमी अपना फ़र्ज़ अदा करता हैं। फ़र्ज़ अदा करने के मानी है नीति का पालन करना। नीति के पालन का मतलब है अपने मन और इन्द्रियों को बस में रखना। एसा करते हुए हम अपने को (अपनी असलियत को) पहचानते हैं। यही सभ्यता है। इससे जो उलटा है वह बिगाड़ करनेवाला है।

बहुत से अंग्रेज लेखक लिख गये हैं कि ऊपर की व्याख्या {तशरीह} के मुताबिक हिन्दुस्तान को कुछ भी सीखना बाकी नहीं रहता।

यह बात ठीक है। हमने देखा कि मनुष्य की वृत्तियाँ {भावनाएं-जज्बे} चंचल हैं। उसका मन बेकार की दौड़धूप किया करता है। उसका शरीर जैसे-जैसे ज़्यादा दिया जाय वैसे-वैसे ज़्यादा माँगता है। ज़्यादा लेकर भी वह सुखी नहीं होता। भोग भोगने से भोग की इच्छा बढ़ती जाती है। इसलिए हमारे पुरखों ने भोग की हद बाँध दी। बहुत सोचकर उन्होंने देखा कि सुख-दु:ख तो मन के कारण हैं। अमीर अपनी अमीरी की वजह से सुखी नहीं है, गरीब अपनी गरीबी के कारण दु:खी नहीं है। अमीर दु:खी देखने में आता है और गरीब सुखी देखने में आता है। करोड़ों लोग तो गरीब हीं रहेंगे। एसा देखकर उन्होंने भोग की वासना {ख्वाहिश} छुड़वाई। हज़ारों साल पहले जो हल काम में लिया जाता था, उससे हमने काम चलाया। हज़ारों साल पहले जैसे झोंपड़े थे, उन्हें हमने कायम रखा। हज़ारों साल पहले जैसी हमारी शिक्षा {तालीम} थी वही चलती आई। हमने नाशकारक होड़ को समाज में जगह नहीं दी; सब अपना अपना धंधा करते रहें। उसमें उन्होंने दस्तूर के मुताबिक दाम लिए। एसा नहीं था कि हमें यन्त्र वगैरा की खोज करना हीं नहीं आता था। लेकिन हमारे पूर्वजों ने देखा कि लोग अगर यन्त्र वगैरा की झँझट में पड़ेंगे, तो ग़ुलाम हीं बनेंगे और अपनी नीति को छोड़ देंगे। उन्होंने सोच-समझकर कहा कि हमें अपने हाथ-पैरों से जो काम हो सके वही करना चाहिए। हाथ-पैरों का इस्तेमाल करने में हीं सच्चा सुख है, उसी में तन्दुरूस्ती है।

उन्होंने सोचा कि बढ़े शहर खड़े करना बेकार की झँझट है। उनमें लोग सुखी नहीं होंगे। उनमें धूर्तों {ठगों} की टोलियाँ और वेश्याओं {बेसवाओं} की गलियाँ पैदा होंगी; गरीब अमीरों से लूटे जायेंगे। इसलिए उन्होंने छोटे देहातों से सन्तोष माना।

उन्होंने देखा कि राजाओं और उनकी तलवार के बनिस्बत नीति का बल ज़्यादा बलवान है। इसलिए उन्होंने राजाओं को नीतिवान पुरूषों-ऋषियों और फकीरों से कम दर्ज़े का माना।

एसी जिस राष्ट्र की गठन है वह राष्ट्र दूसरों को सिखाने लायक है; वह दूसरों से सीखने लायक नहीं है।

इस राष्ट्र में अदालते थीं, वकील थे, डॉक्टर-वैद्य थे। लेकिन वे सब ठीक ढंग से नियम के मुताबिक चलते थे। सब जानते थे कि ये धन्धे बड़े नहीं हैं। और वकील, डॉक्टर वगैरा लोगों में लूट नहीं चलाते थे; वे तो लोगों के आश्रित {पनाहगीर} थे। वे लोगों के मालिक बनकर नहीं रहते थे। इन्साफ़ काफी अच्छा होता था। अदालतों

में न जाना, यह लोगों का ध्येय {मक़सद} था। उन्हें भरमानेवाले स्वार्थी लोग नहीं थे। इतनी सड़न भी सिर्फ़ राजा और राजधानी के आसपास हीं थी। यों (आम) प्रजा तो उससे स्वतन्त्र रहक़र अपने खेत का मालिकी हक़ भोगती थी। उसके पास सच्चा स्वराज्य था।

और जहाँ यह चांडाल {शैतानी} सभ्यता नहीं पहुँची है, वहाँ हिन्दुस्तान आज भी वैसा हीं है। उसके सामने आप अपने नये ढोंगों की बात करेंगे, तो वह आपकी हँसी उड़ाएगा। उस पर न तो अंग्रेज़ राज करते हैं, न आप कर सकेंगे। जिन लोगों के नाम पर हम बात करते हैं, उन्हें हम पहचानते नहीं हैं, न वे हमें पहचानते हैं। आपको और दूसरों को, जिनमें देशप्रेम है, मेरी सलाह है कि आप देश में-जहाँ रेल की बाढ़ नहीं फैली है उस भाग में–छह माह के लिए घूम आयें और बाद में देश की लगन लगाये, बाद में स्वराज्य की बात करें।

अब आपने देखा कि सच्ची सभ्यता मैं किस चीज़ को कहता हूँ। ऊपर मैंने जो तसवीर खींची है वैसा हिन्दुस्तान जहाँ हो वहाँ जो आदमी फेरफार करेगा उसे आप दुश्मन समझिये। वह मनुष्य पापी है।

पाठक : आपने जैसा बताया वैसा हीं हिन्दुस्तान होता तब तो ठीक था। लेकिन जिस देश में हज़ारों बाल-विधवायें हैं, जिस देश में दो बरस की बच्ची की शादी हो जाती है, जिस देश में बारह साल की उम्र के लड़के-लड़कियों घर-संसार चलाते हैं, जिस देश में स्त्री एक से ज़्यादा पति करती है, जिस देश में नियोग[1] की प्रथा है, जिस देश में धर्म के नाम पर कुमारिकाएँ बेसवाएँ {देवदासियां} बनती हैं, जिस देश में धर्म के नाम पर पाड़ों और बकरों की हत्या {कत्ल} होती है, वह देश भी हिन्दुस्तान हीं है। एसा होने पर भी आपने जो बताया वह क्या सभ्यता का लक्षण {निशानी} है?

सम्पादक : आप भूलते हैं। आपने जो दोष बताये वे तो सचमुच दोष हीं हैं। उन्हें कोई सभ्यता नहीं कहता। वे दोष सभ्यता के बावजूद कायम रहें हैं। उन्हें दूर करने के प्रयत्न हमेशा हुए हैं, और होते हीं रहेंगे। हममें जो नया जोश पैदा हुआ है, उसका उपयोग हम इन दोषों को दूर करने में कर सकते हैं।

मैंने आपको आज की सभ्यता की जो निशानी बतायी, उसे इस सभ्यता के हिमायती ख़ुद बताते हैं। मैंने हिन्दुस्तान की सभ्यता का जो वर्णन किया, वह वर्णन {बयान} नयी सभ्यता के हिमायतियों ने किया है।

---

1. एक पुराना रिवाज जिसके मुताबिक बिना सन्तानवाली स्त्री पति के रोगी, नपुंसक या मृत होने की हालत में अपने देवर या पति के किसी और सम्बन्धी से सन्तान पैदा करा सकती थी।

किसी भी देश में किसी भी सभ्यता के मातहत सभी लोग सम्पूर्णता तक नहीं पहुँच पाये हैं। हिन्दुस्तान की सभ्यता का झुकाव नीति को मज़बूत करने की ओर है; पश्चिम की सभ्यता का झुकाव अनीति को मज़बूत करने की ओर है। इसलिए मैंने उसे हानिकारक कहा है। पश्चिम की सभ्यता निरीश्वरवादी। ख़ुदा में नहीं माननेवाली है, हिन्दुस्तान की सभ्यता ईश्वर में माननेवाली है।

यों समझकर, एसी श्रद्धा रखकर, हिन्दुस्तान के हितचिन्तकों को चाहिए कि वे हिन्दुस्तान की सभ्यता से, बच्चा जैसे माँसे चिपटा रहता है वैसे, चिपट रहें।

14. हिन्दुस्तान कैसे आजाद हो?

पाठक : सभ्यता के बारे में आपके विचार मैं समझ गया। आपने जो कहा उस पर मुझे ध्यान देना होगा। तुरन्त सब कुछ मन्जूर कर लिया जाय, एसा आप नहीं मानते होंगे; एसी आशा भी नहीं रखते होंगे। आपके एसे विचारों के अनुसार आप हिन्दुस्तान के आजाद होने का क्या उपाय बतायेंगे?

सम्पादक : मेरे विचार सब लोग तुरन्त मान लें, एसी आशा मैं नहीं रखता। मेरा फ़र्ज़ इतना हीं है कि आपके जैसे जो लोग मेरे विचार जानना चाहते हैं, उनके सामने अपने विचार रख दूँ। वे विचार उन्हें पसन्द आयेंगे या नहीं आयेंगे, यह तो समय बीतने पर हीं मालूम होगा।

हिन्दुस्तान की आजादी के उपायों का हम विचार कर चुके। फिर भी हमने दूसरे रूप में उन पर विचार किया। अब हम उन पर उनके स्वरूप में विचार करें।

जिस कारण से रोगी बीमार हुआ हो वह कारण अगर दूर कर दिया जाय, तो रोगी अच्छा हो जाएगा यह जग मशहूर बात है। इसी तरह जिस कारण से हिन्दुस्तान ग़ुलाम बना वह कारण अगर दूर कर दिया जाय, ततो वह बंधन से मुक्त {आजाद} हो जाएगा।

पाठक : आपकी मान्यता के मुताबिक हिन्दुस्तान की सभ्यता अगर सबसे अच्छी है, तो फिर वह ग़ुलाम क्यों बना?

सम्पादक : सभ्यता तो मैंने कही वैसी हीं है, लेकिन देखने में आया है कि हर सभ्यता पर आफतें आती हैं। जो सभ्यता अचल है वह आख़िरकार आफतों को दूर कर देती है। हिन्दुस्तान के बालकों में कोई न कोई कमी थी, इसीलिए वह सभ्यता आफतों से घिर गई। लेकिन इस घेरे में से छूटने की ताक़त उसमें है, यह उसके गौरव (बड़ाई} को दिखाता है।

और फिर सारा हिन्दुस्तान उसमें (ग़ुलामी) में घिरा हुआ नहीं है। जिन्होंने पश्चिम की शिक्षा पाई है और जो उसके पाश {फंदे} में फँस गये हैं, वे हीं ग़ुलामी

में घिरे हुए हैं। हम जगत को अपनी दमड़ी के नाप से नापते हैं। अगर हम ग़ुलाम हैं, तो जगत को भी ग़ुलाम मान लेते हैं। हम कंगाल दशा में हैं, इसलिए मान लेते हैं कि सारा हिन्दुस्तान एसी दशा में है। दरअसल एसा कुछ नहीं है। फिर भी हमारी ग़ुलामी सारे देश की ग़ुलामी है, एसा मानना ठीक है। लेकिन ऊपर की बात हम ध्यान में रखें तो समझ सकेंगे कि हमारी अपनी ग़ुलामी मिट जाय, तो हिन्दुस्तान की ग़ुलामी मिट गई एसा मान लेना चाहिए। इसमें अब आपको स्वराज्य की व्याख्या {तशरीह} भी मिल जाती है। हम अपने ऊपर राज करें वही स्वराज्य है; और वह स्वराज्य हमारी हथेली में है।

इस स्वराज्य को आप सपने जैसा न माने। मन से मान कर बैठे रहनें का भी यह स्वराज्य नहीं है। यह तो एसा स्वराज्य है कि आपने अगर इसका स्वाद चख लिया हो, तो दूसरों को इसका स्वाद चखाने के लिए आप जिन्दगी भर कोशिश करेंगे। लेकिन मुख्य {ख़ास या अहम्} बात तो हर शख्स के स्वराज्य भोगने की है। डूबता आदमी दूसरे को नहीं तारेगा, लेकिन तैरता आदमी दूसरे को तारेगा। हम ख़ुद ग़ुलाम होंगे और दूसरों को आजाद करने की बात करेंगे, तो वह सम्भव नहीं है।

लेकिन इतना काफी नहीं है। हमें और भी आगे सोचना होगा।

अब इतना तो आपकी समझ में आया होगा कि अंग्रेज़ों को देश से निकालने का मक़सद सामने रखने की ज़रूरत नहीं है। अगर अंग्रेज़ हिन्दुस्तानी बनकर रहें तो हम उनका समावेश यहाँ कर सकते हैं। अंग्रेज अगर अपनी सभ्यता के साथ रहना चाहें, तो उनके लिए हिन्दुस्तान में जगह नहीं है। एसी हालत पैदा करना हमारे हाथ में है।

पाठक : अंग्रेज़ हिन्दुस्तानी बनें, यह नामुमकिन है।

सम्पादक : हमारा एसा कहना यह कहने के बराबर है कि अंग्रेज मनुष्य नहीं हैं। वे हमारे जैसे बनें या न बनें, इसकी हमें परवाह नहीं है। हम अपना घर साफ़ करें। फिर रहने लायक लोग हीं उसमें रहेंगे; दूसरे अपने-आप चले जायेंगे। एसा अनुभव तो हर आदमी को हुआ होगा।

पाठक : एसा होने की बात तवारीख़ {इतिहास} में तो हमने नहीं पढ़ी।

सम्पादक : जो चीज़ तवारीख़ में नहीं देखी वह कभी नहीं होगी, एसा मानना मनुष्य की प्रतिष्ठा में अविश्वास करना है। जो बात हमारी अकल में आ सके, उसे आख़िर हमें आजमाना तो चाहिए हीं।

हर देश की हालत एक सी नहीं होती। हिन्दुस्तान की हालत विचित्र है। हिन्दुस्तान का बल असाधारण है। इसलिए दूसरी तवारीख़ों से हमारा कम सम्बन्ध

है। मैंने आपको बताया कि दूसरी सभ्यतायें मिट्टी में मिल गयीं, जब कि हिन्दुस्तानी सभ्यता को आँच नहीं आयी है।

पाठक : मुझे ये सब बातें ठीक नहीं लगतीं। हमें लड़कर अंग्रेज़ों को निकालना हीं होगा, इसमें कोई शक नहीं। जब तक वे हमारे मुल्क में हैं, तब तक हमें चैन नहीं पड़ सकता। 'पराधीन सपनेहु सुख नाहीं' एसा देखने में आता है। अंग्रेज़ यहाँ हैं इसलिए हम कमज़ोर होते जा रहें हैं। हमारा तेज चला गया है और हमारे लोग घबराये-से दीखते हैं। अंग्रेज हमारे देश के लिए यम (काल) जैसे हैं। उस यम को हमें किसी भी प्रयत्न से भगाना होगा।

सम्पादक : आप अपने आवेश {जोश} में मेरा सारा कहना भूल गये हैं। अंग्रेज़ों को यहाँ लानेवाले हम हैं और वे हमारी बदौलत हीं यहाँ रहते हैं। आप यह कैसे भूल जाते हैं कि हमने उनकी सभ्यता अपनायी है, इसलिए वे यहाँ रह सकते हैं? आप उनसे जो नफ़रत

करते हैं वह नफ़रत आपको उनकी सभ्यता से करनी चाहिए। फिर भी मान लें कि हम लड़कर उन्हें निकालना चाहते हैं। यह कैसे हो सकेगा?

पाठक : इटली ने किया वैसे। मैज़िनी और गेरीबाल्डी ने जो किया, वह तो हम भी कर सकते हैं। वे महावीर थे, इस बात से क्या आप इनकार कर सकेंगे?

15. इटली और हिन्दुस्तान

संपादक : आपने इटली का उदाहरण {मिसाल} ठीक दिया। मैज़िनी महात्मा था। गैरीबाल्डी बड़ा योद्धा {लड़वैया} था। दोनों पूजनीय थे। उनसे हम बहुत सीख सकते हैं। फिर भी इटली की दशा और हिन्दुस्तान की दशा में फरक है।

पहले तो मैज़िनी और गैरीबाल्डी के बीच का भेद जानने लायक है। मैज़िनी के अरमान अलग थे। मैज़िनी जैसा सोचता था वैसा इटली में नहीं हुआ। मैज़िनी ने मनुष्य-जाति के कर्तव्य के बारे में लिखते हुए यह बताया है कि हर एक को स्वराज्य भोगना सीख लेना चाहिए। यह बात उसके लिए सपने जैसी रही। गैरीबाल्डी और मैज़िनी के बीच मतभेद {अलग राय} हो गया था, यह हमें याद रखना चाहिए। इसके सिवा, गैरीबाल्डी ने हर इटालियन के हाथ में हथियार दिये और हर इटालियन ने हथियार लिये।

इटली और आस्ट्रिया के बीच सभ्यता का भेद नहीं था। वे तो 'चचेरे भाई' माने जायेंगे। 'जैसे को तैसा' वाली बात इटली की थी। इटली को परदेशी (आस्ट्रिया के जूए से छुड़ाने का मोह गैरीबाल्डी को था। इसके लिए उसने कावूर के मारफ़त जो साज़िशें {षड्यन्त्र} कीं, वे उसकी शूरता को बट्टा लगानेवाली हैं।

और अन्त में नतीजा क्या निकला? इटली में इटालियन राज करते हैं इसलिए इटली की प्रजा सुखी है, एसा आप मानते हों तो मैं आपसे कहूँगा कि आप अंधेरे में भटकते हैं। मैज़िनी ने साफ़ साफ़ बताया है कि इटली आजाद नहीं हुआ है। विक्टर इमेन्युअल ने इटली का एक अर्थ किया, मैज़िनी ने दूसरा। इमेन्युअल, कावूर और गैरीबाल्डी के विचार से इटली का अर्थ था इमेन्युअल या इटली का राजा और उसके हुजूरी। मैज़िनी के विचार से इटली का अर्थ था इटली के लोग–उसके किसान। इमेन्युअल वगैरा तो उनके (प्रजा के) नौकर थे। मैज़िनी का इटली अब भी ग़ुलाम है। दो राजाओं के बीच शतरंज की बाज़ी लगी थी; इटली की प्रजा तो सिर्फ़ प्यादा थी और है। इटली के मजदूर अब भी दुःखी हैं। इटली के मजदूरों की दाद-फ़रियाद

नहीं सुनी जाती, इसलिए वे लोग ख़ून करते हैं, विरोध करते हैं, सिर फोड़ते हैं और वहाँ बलवा होने का डर आज भी बना हुआ है। आस्ट्रिया के जाने से इटली को क्या लाभ हुआ? नाम का ही लाभ हुआ। जिन सुधारों के लिए जंग मचा वे सुधार हुए नहीं, प्रजा की हालत सुधरी नहीं।

हिन्दुस्तान की एसी दशा करने का तो आपका इरादा नहीं हीं होगा। मैं मानता हूँ कि आपका विचार हिन्दुस्तान के करोड़ों लोगों को सुखी करने का होगा, यह नहीं कि आप या मैं राजसत्ता ले लूँ। अगर एसा है तो हमें एक हीं विचार करना चाहिए। वह यह कि प्रजा स्वतन्त्र {आजाद} कैसे हो।

आप कबूल करेंगे कि कुछ देशी रियासतों में प्रजा कुचली जाती है। वहाँ के शासक नीचता से लोगों को कुचलते हैं। उनका जुल्म अंग्रेज़ों के जुल्म से भी ज़्यादा है। एसा जुल्म अगर आप हिन्दुस्तान में चाहते हों, तो हमारी पटरी कभी नहीं बैठेगी।

मेरा स्वदेशाभिमान {हुब्बेवतन} मुझे यह नहीं सिखाता कि देशी राजाओं के मातहत जिस तरह प्रजा कुचली जाती है उसी तरह उसे कुचलने दिया जाय। मुझमें बल होगा तो मैं देशी राजाओं के जुल्म के ख़िलाफ और अंग्रेज़ी जुल्म के ख़िलाफ जूझँगा।

स्वदेशाभिमान का अर्थ मैं देश का हित {भला} समझता हूँ। अगर देश का हित अंग्रेज़ों के हाथों होता हो, तो मैं आज अंग्रेज़ों को झुक कर नमस्कार करूँगा। अगर कोई अंग्रेज़ कहे कि देश को आजाद करना चाहिए, जुल्म के ख़िलाफ होना चाहिए और लोगों की सेवा करनी चाहिए, तो उस अंग्रेज को मैं हिन्दुस्तानी मान कर उसका स्वागत करूँगा।

फिर, इटली की तरह जब हिन्दुस्तान को हथियार मिलें तभी वह लड़ सकता है; पर इस भगीरथ (बहुत बड़े) काम का तो, मालूम होता है, आपने विचार हीं नहीं किया है। अंग्रेज़ गोला-बारूद से पूरी तरह लैस हैं, इससे मुझे डर नहीं लगता। लेकिन एसा तो दीखता है कि उनके हथियारों से उन्हीं के ख़िलाफ लड़ना हो, तो हिन्दुस्तान को हथियारबंद करना होगा। अगर एसा हो सकता हो, तो इसमें कितने साल लगेंगे? और तमाम हिन्दुस्तानियों को हथियारबंद करना तो हिन्दुस्तान को यूरोप-सा बनाने जैसा होगा। अगर एसा हुआ तो आज यूरोप के जो बेहाल है वैसे हीं हिन्दुस्तान के भी होंगे। थोड़े में, हिन्दुस्तान को यूरोप की सभ्यता अपनानी होगी। एसा हीं होनेवाला हो तो अच्छी बात यह होगी कि जो अंग्रेज उस सभ्यता में कुशल हैं, उन्हीं को हम यहाँ रहनें दें। उनसे थोड़ा-बहुत झगड़ कर कुछ हक़ हम पायेंगे, कुछ नहीं पायेंगे और अपने दिन गुजारेंगे।

लेकिन बात तो यह है कि हिन्दुस्तान की प्रजा कभी हथियार नहीं उठायेगी। न उठाये यह ठीक हीं है।

पाठक : आप तो बहुत आगे बढ़ गये। सबके हथियारबंद होने की ज़रूरत नहीं। हम पहले तो कुछ अंग्रेज़ों का ख़ून करके आतंक {दहशत, त्रास} फैलायेंगे। फिर तो थोड़े लोग हथियारबंद होंगे, वे खुल्लमखुल्ला लड़ेंगे। उसमें पहले तो वीस-पचीस लाख हिन्दुस्तानी ज़रूर मरेंगे। लेकिन आख़िर हम देश को अंग्रेज़ों से जीत लेंगे। हम गुरीला (डाकुओं जैसी) लड़ाई लड़कर अंग्रेज़ों को हरा देंगे।

संपादक : आपका ख़याल हिन्दुस्तान की पवित्र भूमि को राक्षसी {शैतानी} बनाने का लगता है। अंग्रेज़ों का ख़ून करके हिन्दुस्तान को छुड़ायेंगे, एसा विचार करते हुए आपको त्रास क्यों नहीं होता? ख़ून तो हमें अपना करना चाहिए; क्योंकि हम नामर्द बन गये हैं, इसीलिए हम ख़ून का विचार करते हैं। एसा करके आप किसे आजाद करेंगे? हिन्दुस्तान की प्रजा एसा कभी नहीं चाहती। हम जैसे लोग हीं, जिन्होंने अधम सभ्यतारूपी भांग पी है, नशे में एसा विचार करते हैं। ख़ून करके जो लोग राज करेंगे, वे प्रजा को सुखी नहीं बना सकेंगे। धींगरा ने जो ख़ून किया है उससे या जो ख़ून हिन्दुस्तान में हुए हैं उनसे देश को फायदा हुआ है, एसा अगर कोई मानता हो तो यह बड़ी भूल करता है। धींगरा को मैं देशाभिमानी मानता हूँ, लेकिन उसका देशप्रेम पागलपन से भरा था। उसने अपने शरीर का बलिदान गलत तरीके से दिया। उससे अन्त में तो देश को नुकसान हीं होनेवाला है।

पाठक : लेकिन आपको इतना तो कबूल करना हीं होगा कि अंग्रेज़ इस ख़ून से डर गये हैं, और लोर्ड मोर्ले ने जो कुछ हमें दिया है वह एसे डर से हीं दिया है।

सम्पादक : अंग्रेज़ जैसे डरपोक प्रजा हैं वैसे बहादुर भी हैं। गोलाबारूद का असर उन पर तुरन्त होता है, एसा मैं मानता हूँ। सम्भव है, लोर्ड मोर्ले ने हमें जो कुछ दिया वह डर से दिया हो। लेकिन डर से मिली हुई चीज़ जब तक डर बना रहता है तभी तक टिक सकतीं है।

---

1. पंजाबी युवक मदनलाल धींगरा ने जुलाई, 1909 में लन्दन में कर्नल सर कर्जन बाइली को गोली का निशाना बनाया था, उसे फाँसी की सज़ा मिली थी।

16. गोला-बारूद

पाठक : डर से दिया हुआ जब तक डर रहें तभी तक टिक सकता है, यह तो आपने विचित्र बात कही। जो दिया सो दिया। उसमें फिर क्या हेरफेर हो सकता है?

सम्पादक : एसा नहीं है। 1857 की घोषणा बलवे के अन्त में लोगों में शान्ति कायम रखने के लिए की गई थी। जब शान्ति हो गई और लोग भोले दिल के बन गये तब उसका अर्थ बदल गया। अगर मैं सज़ा के डर से चोरी न करूँ, तो सज़ा का डर मिट जाने पर चोरी करने की मेरी फिर से इच्छा होगी और मैं चोरी करूँगा। यह तो बहुत हीं साधारण अनुभव {तजरबा} है; इससे इनकार नहीं किया जा सकता। हमने मान लिया है कि डाँट-डपटकर लोगों से काम लिया जा सकता है और इसलिए हम एसा करते आये हैं।

पाठक : आपकी यह बात आपके ख़िलाफ जाती है, एसा आपको नहीं लगता? आपको स्वीकार करना होगा कि अंग्रेज़ों ने ख़ुद जो कुछ हासिल किया है, वह मार-काट करके हीं हासिल किया है। आप कह चुके हैं कि (मार-काट से) उन्होंने जो कुछ हासिल किया है वह बेकार है; यह मुझे याद है। इससे मेरी दलील को धक्का नहीं पहुँचता। उन्होंने बेकार (चीज़) पाने का सोचा और उसे पाया। मतलब यह कि उन्होंने अपनी मुराद पूरी की। साधन {जरिया} क्या था, इसकी चिन्ता हम क्यों करें? अगर हमारी मुराद अच्छी हो तो क्या उसे हम चाहे जिस साधन से, मार-काट करके भी, पूरा नहीं करेंगे? चोर मेरे घर में घुसे तब क्या मैं साधन का विचार करूँगा? मेरा धर्म {फ़र्ज़} तो उसे किसी भी तरह बाहर निकालने का हीं होगा।

एसा लगता है कि आप यह तो कबूल करते हैं कि हमें सरकार के पास अरज़ियाँ भेजने से कुछ नहीं मिला है और न आगे कभी मिलनेवाला है। तो फिर उन्हें मारकर हम क्यों न लें? ज़रूरत हो उतनी मार का डर हम हमेशा बनाये रखेंगे। बच्चा अगर आग में पैर रखे और उसे आग से बचाने के लिए हम उस पर रोक लगाये, तो आप भी इसे दोष नहीं मानेंगे। किसी भी तरह हमें अपना काम पूरा कर लेना है।

सम्पादक : आपने दलील तो अच्छी की। वह एसी है कि बहुतों ने उससे धोखा खाया है। मैं भी एसी हीं दलील करता था। लेकिन अब मेरी आँखें खुल गई हैं और मैं अपनी गलती समझ सकता हूँ। आपको वह गलती बताने की कोशिश करूँगा।

पहले तो इस दलील पर विचार करें कि अंग्रेज़ों ने जो कुछ पाया वह मार-काट करके पाया, इसलिए हम भी वैसा हीं करके मनचाही चीज़ पायें। अंग्रेज़ों ने मार

काट की और हम भी कर सकते हैं, यह बात तो ठीक है। लेकिन मार-काट से जैसी चीज़ उन्हें मिली वैसी हीं हम भी ले सकते हैं। आप कबूल करेंगे कि वैसी चीज़ हमें नहीं चाहिए।

आप मानते हैं कि साधन और साध्य–जरिया और मुराद–के बीच कोई सम्बन्ध नहीं है। यह बहुत बड़ी भूल है। इस भूल के कारण जो लोग धार्मिक {दीनदार} कहलाते हैं, उन्होंने घोर कर्म किये हैं। यह तो धतूरे का पौधा लगाकर मोगरे के फूल की इच्छा करने जैसा हुआ। मेरे लिए समुद्र पार करने का साधन जहाज़ हीं हो सकता है। अगर मैं पानी में बैलगाड़ी डाल दूँ तो वह गाड़ी और मैं दोनों समुद्र के तले पहुँच जायेंगे। जैसे देव वैसी पूजा–यह वाक्य {फ़िकरा} बहुत सोचने लायक है। उसका गलत अर्थ करके लोग भुलावे में पड़ गये हैं। साधन बीज है और साध्य-हासिल करने की चीज़-पेड़ है। इसलिए जितना सम्बन्ध चीज़ और पेड़ के बीच है, उतना हीं साधन और साध्य के बीच है। शैतान को भजकर मैं ईश्वर-भजन का फल पाउ, यह कभी हो हीं नहीं सकता। इसलिए यह कहना कि हमें तो ईश्वर को हीं भजना है, साधन भले शैतान हो, बिल्कुल अज्ञान की बात है। जैसी करनी वैसी भरनी।

अंग्रेज़ों ने मार-काट करके 1833 में वोट के (मत के) विशेष अधिकार पाये। क्या मार-काट करके वे अपना फ़र्ज़ समझ सके? उनकी मुराद अधिकार पाने की थी, इसलिए उन्होंने मार-काट मचाकर अधिकार पा लिये। सच्चे अधिकार तो फ़र्ज़ के फल {नतीजे} हैं; वे अधिकार उन्होंने नहीं पाये। नतीजा यह हुआ कि सबने अधिकार पाने का प्रयत्न किया, लेकिन फ़र्ज़ सो गया। जहाँ सभी अधिकार की बात करें, वहाँ कौन किसको दे? वे कोई भी फ़र्ज़ अदा नहीं करते, एसा कहने का मतलब यहाँ नहीं है। लेकिन जो अधिकार वे माँगते थे उन्हें हासिल करके उन्होंने वे फ़र्ज़ पूरे नहीं किये जो उन्हें करने चाहिए थे। उन्होंने योग्यता प्राप्त नहीं की, इसलिए उनके अधिकार उनकी गरदन पर जूए की तरह सवार हो बैठे हैं। इसलिए जो कुछ उन्होंने पाया है, वह उनके साधन का हीं परिणाम {नतीजा} है। जैसी चीज़ उन्हें चाहिए थी वैसे साधन उन्होंने काम में लिये।

मुझे अगर आपसे आपकी घड़ी छीन लेनी हो, तो बेशक आपके साथ मुझे मार-पीट करनी होगी। लेकिन अगर मुझे आपकी घड़ी खरीदनी हो, तो आपको दाम देने होंगे। अगर मुझे बख़्शिश के तौर पर आपकी घड़ी लेनी होगी, तो मुझे आपसे विनति (आजिज़ी} करनी होगी। घड़ी पानें के लिए मैं जो साधन काम में लूँगा, उसके अनुसार वह चोरी का माल, मेरा माल या बख़्शिश की चीज़ होगी। तीन साधनों के तीन अलग परिणाम आयेंगे। तब आप कैसे कह सकते हैं कि साधन की कोई चिन्ता नहीं? अब चोर को घर में से निकालने की मिसाल लें। मैं आपसे इसमें सहमत नहीं हूँ कि चोर को निकालने के लिए चाहे जो साधन काम में लिया जा सकता है।

अगर मेरे घर में मेरा पिता चोरी करने आयेगा, तो मैं एक साधन काम में लूँगा। अगर कोई मेरी पहचान का चोरी करने आयेगा, तो मैं वही साधन काम में नहीं लूँगा। और कोई अनजान आदमी आयेगा, तो मैं तीसरा साधन काम में लूँगा। अगर वह गोरा हो तो एक साधन और हिन्दुस्तानी हो तो दूसरा साधन काम में लाना चाहिए, एसा भी शायद आप कहेंगे। अगर कोई मुर्दार लड़का चोरी करने आया होगा, तो मैं बिल्कुल दूसरा हीं साधन काम में लूँगा। अगर वह मेरी बराबरी का होगा, तो और हीं कोई साधन मैं काम में लूँगा। और अगर वह हथियारबंद तगड़ा आदमी होगा, तो मैं चुपचाप सो रहूँगा। इसमें पिता से लेकर ताक़तवर आदमी तक अलग अलग साधन इस्तेमाल किये जायेंगे। पिता होगा तो भी मुझे लगता है कि मैं सो रहूँगा और हथियार से लैस कोई होगा तो भी मैं सो रहूँगा। पिता में भी बल है, हथियारबंद आदमी में भी बल है। दोनों बलों के बस होकर मैं अपनी चीज़ को जाने दूँगा। पिता का बल मुझे दया से रूलायेगा। हथियारबंद आदमी का बल मेरे मन में गुस्सा पैदा करेगा; हम कट्टर दुश्मन हो जायेंगे। एसी मुश्किल हालत है। इन मिसालों से हम दोनों साधनों के निर्णय {फैसला} पर तो नहीं पहुँच सकेंगे। मुझे तो सब चोरों के बारे में क्या करना चाहिए यह सूझता है। लेकिन उस इलाज से आप घबरा जायेंगे, इसलिए मैं आपके सामने उसे नहीं रखता। आप इसे समझ लें; और अगर नहीं समझेंगे तो हर वक़्त आपको अलग साधन काम में लेने होंगे। लेकिन आपने इतना तो देखा कि चोर को निकालने के लिए चाहे जो साधन काम नहीं देगा; और जैसा साधन आपका होगा उसके मुताबिक नतीजा आयेगा। आपका धर्म किसी भी साधन से चोर को घर से निकालने का हरगिज नहीं है।

ज़रा आगे बढ़ें। वह हथियारबंद आदमी आपकी चीज़ ले गया है। आपने उसे याद रखा है। आपके मन में उस पर गुस्सा भरा है। आप उस लुच्चे को अपने लिए नहीं, लेकिन लोगों के कल्याण के लिए सज़ा देना चाहते हैं। आपने कुछ आदमी जमा किये। उसके घर पर आपने धावा बोलने का निश्चय किया। उसे मालूम हुआ।

वह भागा। उसने दूसरे लुटेरे जमा किये। वह भी खीजा हुआ है। अब तो उसने आपका घर दिन-दहाड़े लूटने का संदेशा आपको भेजा है। आप उसके मुकाबले के लिए तैयार बैठे हैं। इस बीच लुटेरा आपके आसपास के लोगों को हैरान करता है। वे आपसे शिकायत करते हैं। आप कहते हैं: "यह सब मैं आप हीं के लिए तो करता हूँ। मेरा माल गया उसकी तो कोई बिसात हीं नहीं" लोग कहते हैं; "पहले तो वह हमें लूटता नहीं था। आपने जब से उसके साथ लड़ाई शुरू की है तभी से उसने यह काम शुरू किया है।" आप दुविधा में फँस जाते हैं। गरीबों के ऊपर आपको रहम है। उनकी बात सही है। अब क्या किया जाय? क्या लुटेरे को छोड़ दिया जाय? इससे तो आपकी इज़्ज़त चली जायेगी। इज़्ज़त सबको प्यारी होती है। आप गरीबों से कहते हैं : "कोई। फ़िक्र नहीं। आइये, मेरा धन आपका हीं है। मैं आपको हथियार देता हूँ। मैं आपको उनका उपयोग सिखाऊँगा। आप उस बदमाश को मारिये, छोड़िये नहीं." यों लड़ाई बढ़ी। लुटेरे बढ़े। लोगों ने ख़ुद होकर मुसीबत मोल ली। चोर से बदला लेने का परिणाम यह आया कि नींद बेचकर जागरण मोल लिया। जहाँ शान्ति थी वहाँ अशान्ति पैदा हुई। पहले तो जब मौत आती तभी मरते थे। अब तो सदा हीं मरने के दिन आये। लोग हिम्मत हारकर पस्तहिम्मत {ना हिम्मत, कायर} बने। इसमें मैंने बढ़ा चढ़ाकर कुछ नहीं कहा है, यह आप धीरज से सोचेंगे तो देख सकेंगे। यह एक साधन हुआ।

अब दूसरे साधन की जाँच करें। चोर को आप अज्ञान {नासमझ} मान लेते हैं। कभी मौका मिलने पर उसे समझाने का आपने सोचा है। आप यह भी सोचते हैं कि वह भी हमारे जैसा आदमी है। उसने किस इरादे से चोरी की, यह आपको क्या मालूम? आपके लिए अच्छा रास्ता तो यही है कि जब मौका मिले तब आप उस आदमी के भीतर से चोरी का बीज हीं निकाल दें। एसा आप सोच रहें हैं, इतने में वे भाई साहब फिर से चोरी करने आते हैं। आप नाराज नहीं होते। आपको उस पर दया आती है। आप सोचते हैं कि यह आदमी रोगी है। आप खिड़की-दरवाजे खुले कर देते हैं। आप अपनी सोने की जगह बदल देते हैं। आप अपनी चीज़ें झट ले जाई जा सकें इस तरह रख देते हैं। चोर आता है। वह घबराता है। यह सब उसे नया हीं मालूम होता है। माल तो वह ले जाता है, लेकिन उसका मन चक्कर में पड़ जाता है। वह गाँव में जाँच-पड़ताल करता है। आपकी दया के बारे में उसको मालूम होता है। वह पछताता है और आपसे माफी माँगता है। आपकी चीज़ें वापस ले आता है। वह चोरी का धंधा छोड़ देता है। आपका सेवक बन जाता है। आप उसे कामधंधे से लगा देते हैं। यह दूसरा साधन है।

आप देखते हैं कि अलग अलग साधनों के अलग अलग नतीजे आते हैं। सब चोर एसा हीं बरताव करेंगे या सबमें आपका-सा दयाभाव होगा, एसा मैं इससे साबित नहीं करना चाहता। लेकिन यही दिखाना चाहता हूँ कि अच्छे नतीजे लाने के लिए अच्छे हीं साधन चाहिए। और अगर सब नहीं तो ज़्यादातर मामलों में हथियार-बल से दयाबल ज़्यादा ताक़तवर साबित होता है। हथियार में हानि {नुकसान} है, दया में कभी नहीं।

अब अरजी की बात लें। जिसके पीछे बल नहीं है वह अरजी निकम्मी है, इसमें कोई शक नहीं। फिर भी स्व न्यायमूर्ति रानडे कहते थे कि अरजी लोगों को तालीम देने का एक साधन है। उससे लोगों को अपनी स्थिति {हालत} का भान कराया जा सकता है और राजकर्ता {हाकिम को चेतावनी दी जा सकतीं है। यों सोचें तो अरजी निकम्मी चीज़ है। बराबरी का आदमी अरजी करेगा तो वह उसकी नम्रता की निशानी मानी जाएगी। ग़ुलाम अरजी करेगा तो वह उसकी ग़ुलामी की निशानी होगी। जिस अरजी के पीछे बल है वह बराबरी के आदमी की अरजी है; और वह अपनी माँग अरजी के रूप में रखता है, यह उसकी खानदानियत को बताता है।

अरजी के पीछे दो तरह के बल होते हैं : "अगर आप नहीं देंगे तो हम आपको मारेंगे।" यह गोला-बारूद का बल है। इसका बुरा नतीजा हम देख चुके। दूसरा बल यह है : "अगर आप नहीं देंगे तो हम आपके अरजदार नहीं रहेंगे। हम अरजदार होंगे तो आप बादशाह बने रहेंगे। हम आपके साथ कोई व्यवहार नहीं रखेंगे।" इस बल को चाहे दयाबल कहें, चाहे आत्मबल कहें या सत्याग्रह कहें। यह बल अविनाशी {लाफ़ानी} है और इस बल का उपयोग करनेवाला अपनी हालत को बराबर समझता है। इसका समावेश हमारे बुज़ुर्गों ने 'एक ना ही सब रोगों की दवा' में किया है। यह बल जिसमें है उसका हथियार-बल कुछ नहीं बिगाड़ सकता।

बच्चा अगर आग में पैर रखे, तो उसको दबाने की मिसाल की छानबीन करने में तो आप हार जायेंगे। बच्चे के साथ आप क्या करेंगे? मान लीजिये कि बच्चा एसा जोर करे कि आपको मारकर वह आग में जा पड़े। तब तो आग में पड़े बिना वह रहेगा हीं नहीं। इसका उपाय आपके पास यह है: या तो आग में पड़ने से रोकने के लिए आप उसके प्राण ले लें, या उसका आग में पड़ना आपसे देखा नहीं जाता इसलिए आप स्वयं आग में पड़कर अपनी जान दे दें। आप बच्चे के प्राण तो नहीं हीं लेंगे। आपमें अगर संपूर्ण दयाभाव न हो, तो मुमकिन है कि आप अपने प्राण नहीं देंगे। तो फिर लाचारी से आप बच्चे को आग में कूदने देंगे। इस तरह आप बच्चे पर हथियार-बल का उपयोग नहीं करते हैं। बच्चे को आप और किसी तरह रोक सकें तो रोकेंगे; और

वह बल कम दर्ज़ का लेकिन हथियार-बल हीं होगा एसा भी आप न समझ लें। वह बल और हीं प्रकार {तरह} का है। उसी को समझ लेना है।

बच्चे को रोकने में आप सिर्फ़ बच्चे का स्वार्थ देखते हैं। जिसके ऊपर आप अंकुश रखना चाहते हैं, उस पर उसके स्वार्थ के लिए हीं अंकुश रखेंगे। यह मिसाल अंग्रेज़ों पर ज़रा भी लागू नहीं होती। आप अंग्रेज़ों पर जो हथियार-बल का उपयोग करना चाहते हैं, उसमें आप अपना हीं यानी प्रजा का स्वार्थ देखते हैं। उसमें दया ज़रा भी नहीं है। अगर आप यों कहें कि अंग्रेज़ जो अधम-नीच काम करते हैं वह आग है, वे आग में अज्ञान के कारण जाते हैं और आप दया से अज्ञानी को यानी बच्चे को उससे बचाना चाहते हैं, तो इस प्रयोग को आजमाने के लिए आपको जहाँ-जहाँ जो भी आदमी नीच काम करता होगा वहाँ वहाँ पहुँचना होगा और सामनेवाले के-बच्चे के-प्राण लेने के बजाय अपने प्राणों की आहुति देनी पड़ेगी। इतना पुरूषार्थ {बड़ा काम} आप करना चाहें तो कर सकते हैं, आप स्वतन्त्र हैं। पर यह बात बिल्कुल असम्भव है।

17. सत्याग्रह-आत्मबल

पाठक : आप जिस सत्याग्रह या आत्मबल की बात करते हैं, उसका इतिहास में कोई प्रमाण {सबूत} है? आज तक दुनिया का एक भी राष्ट्र इस बल से ऊपर चढ़ा हो, एसा देखने में नहीं आता। मार-काट के बिना बुरे लोग सीधे रहेंगे हीं नहीं, एसा विश्वास अभी भी मेरे मन में बना हुआ है।

सम्पादक : कवि तुलसीदासजी ने लिखा है:

दया धरम को मूल है,
पापयूल अभिमान,
तुलसी दया न छाँड़िये,
जब लग घट में प्रान।

मुझे तो यह वाक्य शास्त्र-वचन जैसा लगता है। जैसे दो और दो चार हीं होते हैं, उतना हीं भरोसा मुझे ऊपर के वचन पर है। दयाबल आत्मबल है, सत्याग्रह है। और इस बल के प्रमाण पग पग पर दिखाई देते हैं। अगर यह बल नहीं होता, तो पृथ्वी रसातल (सात पातालों में से एक) में पहुँच गई होती।

लेकिन आप तो इतिहास का प्रमाण चाहते हैं। इसके लिए हमें इतिहास का अर्थ जानना होगा।

'इतिहास' का शब्दार्थ है: 'एसा हो गया।' एसा अर्थ करें तो आपको सत्याग्रह के कई प्रमाण दिये जा सकेंगे। 'इतिहास' जिस अंग्रेज़ी शब्द का तरजुमा है और जिस शब्द का अर्थ बादशाहों या राजाओं की तवारीख़ होता है, उसका अर्थ लेने से सत्याग्रह का प्रमाण नहीं मिल सकता। जस्ते की खान में आप अगर चाँदी ढूँढ़ने जायें, तो वह कैसे मिलेगी? 'हिस्टरी' में दुनिया के कोलाहल की हीं कहानी मिलेगी। इसलिए गोरे लोगों में कहावत है कि जिस राष्ट्र की 'हिस्टरी' (कोलाहल) नहीं है वह राष्ट्र सुखी है। राजा लोग कैसे खेलते थे, कैसे ख़ून करते थे, कैसे बैर रखते थे, यह सब 'हिस्टरी' में मिलता है। अगर यही इतिहास होता, अगर इतना हीं हुआ

होता, तब तो यह दुनिया कब की डूब गई होती। अगर दुनिया की कथा लड़ाई से शुरू हुई होती, तो आज एक भी आदमी जिंदा नहीं रहता। जो प्रजा लड़ाई का हीं भोग (शिकार) बन गई, उसकी एसी हीं दशा हुई है। आस्ट्रेलिया के हब्शी लोगों का नामोनिशान मिट गया है। आस्ट्रेलिया के गोरों ने उनमें से शायद हीं किसी को जीने दिया है। जिनकी जड़ हीं खतम हो गई, वे लोग सत्याग्रही नहीं थे। जो जिंदा रहेंगे वे देखेंगे कि आस्ट्रेलिया के गोरे लोगों के भी यही हाल होंगे। 'जो तलवार चलाते हैं उनकी मौत तलवार से हीं होती है।' हमारे यहाँ एसी कहावत है कि 'तैराक की मौत पानी में।

दुनिया में इतने लोग आज भी जिंदा हैं, यह बताता है कि दुनिया का आधार हथियार-बल पर नहीं है, परन्तु सत्य, दया या आत्मबल पर है। इसका सबसे बड़ा प्रमाण तो यही है कि दुनिया लड़ाई के हंगामों के बावजूद टिकी हुई है। इसलिए लड़ाई के बल के बजाय दूसरा हीं बल उसका आधार है।

हज़ारों बल्कि लाखों लोग प्रेम के बस रहक़र अपना जीवन बसर करते हैं। करोड़ों कुटुम्बों का क्लेश {दुःख} प्रेम की भावना में समा जाता है, डूब जाता है। सैकड़ों राष्ट्र मेलजोल से रहें हैं, इसको 'हिस्टरी' नोट नहीं करती; 'हिस्टरी' कर भी नहीं सकतीं। जब इस दया की, प्रेम की और सत्य की धारा रुकती है, टूटती है, तभी इतिहास में वह लिखा जाता है। एक कुटुम्ब के दो भाई लड़े। इसमें एक ने दूसरे के ख़िलाफ सत्याग्रह का बल काम में लिया। दोनों फिर से मिल-जुलकर रहने लगे। इसका नोट कौन लेता है? अगर दोनों भाईयों में वकीलों की मदद से या दूसरे कारणों से वैरभाव बढ़ता और वे हथियारों या अदालतों (अदालत एक तरह का हथियार-बल, शरीर-बल हीं है) के जरिये लड़ते, तो उनके नाम अख़बारों में छपते, अड़ोस-पड़ोस के लोग जानते और शायद इतिहास में भी लिखे जाते। जो बात कुटुम्बों, जमातों और इतिहास के बारे में सच है, वही राष्ट्रों के बारे में भी समझ लेना चाहिए। कुटुम्ब के लिए एक क़ानून और राष्ट्र के लिए दूसरा, एसा मानने का कोई कारण नहीं है। 'हिस्टरी' अस्वाभाविक (गैर-क़ुदरती) बातों को दर्ज़ करती है। सत्याग्रह स्वाभाविक है, इसलिए उसे दर्ज़ करने की ज़रूरत हीं नहीं है।

पाठक : आपके कहे मुताबिक तो यही समझ में आता है कि सत्याग्रह की मिसालें इतिहास में नहीं लिखी जा सकतीं। इस सत्याग्रह को ज़्यादा समझने की ज़रूरत है। आप जो कुछ कहना चाहते हैं, उसे ज़्यादा साफ़ शब्दो में कहेंगे तो अच्छा होगा।

सम्पादक : सत्याग्रह या आत्मबल को अंग्रेज़ी में 'पैसिव रेजिस्टेन्स' कहा जाता है। जिन लोगों ने अपने अधिकार पाने के लिए ख़ुद दुःख सहन किया था, उनके दुःख सहने के ढंग के लिए यह शब्द बरता गया है। उसका ध्येय {मक़सद} लड़ाई के ध्येय से उलटा है। जब मुझे कोई काम पसन्द न आये और वह काम मैं न करूँ, तो उसमें मैं सत्याग्रह या आत्मबल का उपयोग करता हूँ।

मिसाल के तौर पर, मुझे लागू होनेवाला कोई क़ानून सरकार ने पास किया। वह क़ानून मुझे पसन्द नहीं है। अब अगर मैं सरकार पर हमला करके यह क़ानून रद करवाता हूँ, तो कहा जाएगा कि मैंने शरीर-बल का उपयोग किया। अगर मैं उस क़ानून को मन्जूर हीं न करूँ और उस कारण से होनेवाली सज़ा भुगत लूँ, तो कहा जाएगा कि मैंने आत्मबल या सत्याग्रह से काम लिया। सत्याग्रह में मैं अपना हीं बलिदान देता हूँ।

यह तो सब कोई कहेंगे कि दूसरे का भोग–बलिदान–लेने से अपना भोग देना ज़्यादा अच्छा है। इसके सिवा, सत्याग्रह से लड़ते हुए अगर लड़ाई गलत ठहरी, तो सिर्फ़ लड़ाई छेड़नेवाला हीं दुःख भोगता है। यानी अपनी भूल की सज़ा वह ख़ुद भोगता है। एसी कई घटनायें हुई हैं जिनमें लोग गलती से शामिल हुए थे। कोई भी आदमी दावे से यह नहीं कह सकता कि फलां काम ख़राब हीं है। लेकिन जिसे वह ख़राब लगा, उसके लिए तो वह ख़राब हीं है। अगर एसा हीं है तो फिर उसे वह काम नहीं करना चाहिए और उसके लिए दुःख भोगना, कष्ट सहन करना चाहिए। यही सत्याग्रह की कुन्जी है।

पाठक : तब तो आप क़ानून के ख़िलाफ होते हैं! यह बेवफाई कही जाएगी। हमारी गिनती हमेशा क़ानून को माननेवाली प्रजा में होती है। आप तो 'एक्स्ट्रीमिस्ट' से भी आगे बढ़ते दीखते हैं। 'एक्स्ट्रीमिस्ट' कहता है कि जो क़ानून बन चुके हैं उन्हें तो मानना हीं चाहिए ; लेकिन क़ानून ख़राब हों तो उनके बनानेवालों को मारकर भगा देना चाहिए।

सम्पादक : मैं आगे बढ़ता हूँ या पीछे रहता हूँ, इसकी परवाह न आपको होनी चाहिए, न मुझे। हम तो जो अच्छा है उसे खोजना चाहते हैं और उसके मुताबिक बरतना चाहते हैं।

हम क़ानून को माननेवाली प्रजा हैं, इसका सही अर्थ तो यह है कि हम सत्याग्रही प्रजा हैं। क़ानून जब पसन्द न आयें तब हम क़ानून बनानेवालों का सिर नहीं तोड़ते, बल्कि उन्हें रद कराने के लिए ख़ुद उपवास करते हैं ख़ुद दुःख उठाते हैं।

हमें अच्छे या बुरे क़ानून को मानना चाहिए, एसा अर्थ तो आजकल का है। पहले एसा नहीं था। तब चाहे जिस क़ानून को लोग तोड़ते थे और उसकी सज़ा भोगते थे।

क़ानून हमें पसन्द न हों तो भी उनके मुताबिक चलना चाहिए, यह सिखावन मर्दानगी के ख़िलाफ है, धर्म के ख़िलाफ है और ग़ुलामी की हद है।

सरकार तो कहेगी कि हम उसके सामने नंगे होकर नाचें। तो क्या हम नाचेंगे? अगर मैं सत्याग्रही होऊँ तो सरकार से कहूँगा : "यह क़ानून आप अपने घर में रखिये। मैं न तो आपके सामने नंगा होनेवाला हूँ और न नाचनेवाला हूँ।" लेकिन हम एसे असत्याग्रही हो गये हैं कि सरकार के जुल्म के सामने झुक कर नंगे होकर नाचने से भी ज़्यादा नीच काम करते हैं।

जिस आदमी में सच्ची इन्सानियत है, जो ख़ुदा से हीं डरता है, वह और किसी से नहीं डरेगा। दूसरे के बनाये हुए क़ानून उसके लिए बंधनकारक नहीं होते। बेचारी सरकार भी नहीं कहती कि 'तुम्हें एसा करना हीं पड़ेगा।' वह कहती है कि 'तुम एसा नहीं करोगे तो तुम्हें सज़ा होगी।' हम अपनी अधम दशा के कारण मान लेते हैं कि हमें 'एसा हीं करना चाहिए', यह हमारा फ़र्ज़ है, यह हमारा धर्म है।

अगर लोग एक बार सीख लें कि जो क़ानून हमें अन्यायी {गैर-इन्साफ़वाला} मालूम हो उसे मानना नामर्दगी है, तो हमें किसी का भी जुल्म बाँध नहीं सकता। यही स्वराज्य की कुन्जी है।

ज़्यादा लोग जो कहें उसे थोड़े लोगों को मान लेना चाहिए, यह तो अनीश्वरी {ला-ख़ुदाई} बात है, एक वहम है। एसी हज़ारों मिसालें मिलेंगी, जिनमें बहुतों ने जो कहा वह गलत निकला हो और थोड़े लोगों ने जो कहा वह सही निकला हो। सारे सुधार बहुत से लोगों के ख़िलाफ जाकर कुछ लोगों ने हीं दाखिल करवाये हैं। ठगों के गाँव में अगर बहुत से लोग यह कहें कि ठगविद्या सीखनी हीं चाहिए, तो क्या कोई साधु ठग बन जाएगा? हरगिज नहीं। अन्यायी क़ानून को मानना चाहिए, यह वहम जब तक दूर नहीं होता तब तक हमारी ग़ुलामी जानेवाली नहीं है। और इस वहम को सिर्फ़ सत्याग्रही हीं दूर कर सकता है।

शरीर-बल का उपयोग करना, गोला-बारूद काम में लाना, हमारे सत्याग्रह के क़ानून के ख़िलाफ है। इसका अर्थ तो यह हुआ कि हमें जो पसन्द है वह दूसरे आदमी से हम (जबरन) करवाना चाहते हैं। अगर यह सही हो तो फिर वह सामनेवाला आदमी भी अपनी पसन्द का काम हमसे करवाने के लिए हम पर गोला-

बारूद चलाने का हक़दार है। इस तरह तो हम कभी एकराय पर पहुँचेंगे हीं नहीं। कोल्हू के बैल की तरह आँखों पर पट्टी बाँधकर भले हीं हम मान लें कि हम आगे बढ़ते हैं। लेकिन दरअसल तो बैल की तरह हम गोल गोल चक्कर हीं काटते रहते हैं। जो लोग एसा मानते हैं कि जो क़ानून ख़ुद को नापसन्द है उसे मानने के लिए आदमी बँधा हुआ नहीं है, उन्हें तो सत्याग्रह को हीं सही साधन {जरिया} मानना चाहिए; वरना बड़ा विकट {ख़तरनाक} नतीजा आयेगा।

पाठक : आप जो कहते हैं उस पर से मुझे लगता है कि सत्याग्रह कमज़ोर आदमियों के लिए काफी काम का है। लेकिन जब वे बलवान बन जायें तब तो उन्हें तोप (हथियार) हीं चलाना चाहिए।

सम्पादक : यह तो आपने बड़े अज्ञान की बात कही। सत्याग्रह सबसे बड़ा–सर्वोपरी बल है। वह जब तोपबल से ज़्यादा काम करता है, तो फिर कमज़ोरों का हथियार कैसे माना जाएगा? सत्याग्रह के लिए जो हिम्मत और बहादुरी चाहिए, वह तोप का बल रखनेवाले के पास हो हीं नहीं सकतीं। क्या आप यह मानते हैं कि डरपोक और कमज़ोर आदमी नापसन्द क़ानून को तोड़ सकेगा? 'एक्स्ट्रीमिस्ट' तोपबल-पशुबल के हिमायती हैं। वे क्यों क़ानून को मानने की बात कर रहें हैं? मैं उनका दोष नहीं निकालता। वे दूसरी कोई बात कर हीं नहीं सकते। वे ख़ुद जब अंग्रेज़ों को मारकर राज्य करेंगे तब आपसे और हमसे (जबरन) क़ानून मनवाना चाहेंगे। उनके तरीके के लिए यही कहना ठीक है। लेकिन सत्याग्रही तो कहेगा कि जो क़ानून उसे पसन्द नहीं हैं उन्हें वह स्वीकार नहीं करेगा, फिर चाहे उसे तोप के मुँह पर बाँधकर उसकी धज्जियाँ क्यों न उड़ा दी जायँ!

आप क्या मानते हैं? तोप चलाकर सैकड़ों को मारने में हिम्मत की ज़रूरत है या हँसते-हँसते तोप के मुँह पर बँध कर धज्जियाँ उड़ने देने में हिम्मत की ज़रूरत है? ख़ुद मौत को हथेली में रखकर जो चलता-फिरता है वह रणवीर है या दूसरों की मौत को अपने हाथ में रखता है वह रणवीर है?

यह निश्चित मानिये कि नामर्द आदमी घड़ी भर के लिए भी सत्याग्रही नहीं रह सकता।

हाँ, यह सही है कि शरीर से जो दुबला हो वह भी सत्याग्रही हो सकता है। एक आदमी भी (सत्याग्रही) हो सकता है और लाखों लोग भी हो सकते हैं। मर्द भी सत्याग्रही हो सकता है; औरत भी हो सकतीं है। उसे अपना लश्कर तैयार करने की ज़रूरत नहीं रहती। उसे पहलवानों की कुश्ती सीखने की ज़रूरत नहीं रहती। उसने

अपने मन को काबू में किया कि फिर वह वनराज–सिंह की तरह गर्जना कर सकता है; और जो उसके दुश्मन बन बैठे हैं उनके दिल इस गर्जना से फट जाते हैं।

सत्याग्रह एसी तलवार है, जिसके दोनों ओर धार है। उसे चाहे जैसे काम में लिया जा सकता है। जो उसे चलाता है और जिस पर वह चलाई जाती है, वे दोनों सुखी होते हैं। वह ख़ून नहीं निकालती, लेकिन उससे भी बड़ा परिणाम ला सकतीं है। उसको जंग नहीं लग सकतीं। उसे कोई (चुराकर) ले नहीं जा सकता। अगर सत्याग्रही दूसरे सत्याग्रही के साथ होड़ में उतरता है, तो उसमें उसे थकान लगती हीं नहीं। सत्याग्रही की तलवार को म्यान की ज़रूरत नहीं रहती। उसे कोई छीन नहीं सकता। फिर भी सत्याग्रह को आप कमज़ोरों का हथियार माने तब तो उसे अँधेर हीं कहा जाएगा।

पाठक : आपने कहा कि वह हिन्दुस्तान का ख़ास हथियार है। तो कया हिन्दुस्तान में तोप के बल का कभी उपयोग नहीं हुआ है?

सम्पादक : आप हिन्दुस्तान का अर्थ मुट्ठीभर राजा करते हैं। मेरे मन तो हिन्दुस्तान का अर्थ वे करोड़ों किसान हैं, जिनके सहारे राजा और हम सब जी रहें हैं।

राजा तो हथियार काम में लायेंगे हीं। उनका वह रिवाज हीं हो गया है। उन्हें हुक्म चलाना है। लेकिन हुक्म माननेवाले को तोपबल की ज़रूरत नहीं है। दुनिया के ज़्यादातर लोग हुक्म माननेवाले हैं। उन्हें या तो तोपबल या सत्याग्रह का बल सिखाना चाहिए। जहाँ वे तोपबल सीखते हैं वहाँ राजा प्रजा दोनों पागल जैसे हो जाते हैं। जहाँ हुक्म माननेवालों ने सत्याग्रह करना सीखा है वहाँ राजा का जुल्म उसकी तीन गज की तलवार से आगे नहीं जा सकता; और हुक्म माननेवालों ने अन्यायी हुक्म की परवाह भी नहीं की है। किसान किसी के तलवार-बल के बस न तो कभी हुए हैं, और न होंगे। वे तलवार चलाना नहीं जानते; न किसी की तलवार से वे डरते हैं। वे मौत को हमेशा अपना तकिया बनाकर सोनेवाली महान प्रजा हैं। उन्होंने मौत का डर छोड़ दिया है, इसलिए सबका डर छोड़ दिया है। यहाँ मैं कुछ बढ़ा-चढ़ाकर तसवीर खींचता हूँ, यह ठीक है। लेकिन हम जो तलवार के बल से चकित {दंग} हो गये हैं, उनके लिए यह कुछ ज़्यादा नहीं है।

बात यह है कि किसानों ने, प्रजा-मण्डलों ने अपने और राज्य के कारोबार में सत्याग्रह को काम में लिया है। जब राजा जुल्म करता है तब प्रजा रूठती है। यह सत्याग्रह हीं है।

मुझे याद है कि एक रियासत में रैयत को अमुक हुक्म पसन्द नहीं आया,

इसलिए रैयत ने हिजरत करना–गाँव खाली करना-शुरू कर दिया। राजा घबड़ाये। उन्होंने रैयत से माफी माँगी और हुक्म वापस ले लिया। एसी मिसालें तो बहुत मिल सकतीं हैं। लेकिन वे ज़्यादातर भारत-भूमि की हीं उपज होंगी। एसी रैयत जहाँ है वहीं स्वराज्य है। इसके बिना स्वराज्य कुराज्य है।

पाठक : तो क्या आप यह कहेंगे कि शरीर को कसने की ज़रूरत हीं नहीं है?

सम्पादक : एसा मैं कभी नहीं कहूँगा। शरीर को कसे बिना सत्याग्रही होना मुश्किल है। अकसर जिन शरीरों को गलत लाड़ लड़ा कर या सहलाकर कमज़ोर बना दिया गया है, उनमें रहनेवाला मन भी कमज़ोर होता है। और जहाँ मन का बल नहीं है वहाँ आत्मबल कैसे हो सकता है? हमें बाल-विवाह वगैरा के कुरिवाज को और ऐश-आराम की बुराई को छोड़कर शरीर को कसना हीं होगा। अगर मैं मरियल और कमज़ोर आदमी को यकायक तोप के मुँह पर खड़ा हो जाने के लिए कहूँ, तो लोग मेरी हँसी उड़ायेंगे।

पाठक : आपके कहने से तो एसा लगता है कि सत्याग्रही होना मामूली बात नहीं है, और अगर एसा है तो कोई आदमी सत्याग्रही कैसे बन सकता है, यह आपको समझाना होगा।

सम्पादक : सत्याग्रही होना आसान है। लेकिन जितना वह आसान है उतना हीं मुश्किल भी है। चौदह बरस का एक लड़का सत्याग्रही हुआ है, यह मेरे अनुभव की बात है। रोगी आदमी सत्याग्रही हुए हैं, यह भी मैंने देखा है। मैंने यह भी देखा है कि जो लोग शरीर से बलवान थे और दूसरी बातों में भी सुखी थे, वे सत्याग्रही नहीं हो सके।

अनुभव से मैं देखता हूँ कि जो देश के भले के लिए सत्याग्रही होना चाहता है, उसे ब्रह्मचर्य का पालन करना चाहिए, गरीबी अपनानी चाहिए, सत्य का पालन तो करना हीं चाहिए और हर हालत में अभय {निडर} बनना चाहिए।

ब्रह्मचर्य एक महान व्रत है, जिसके बिना मन मज़बूत नहीं होता। ब्रह्मचर्य का पालन न करने से मनुष्य वीर्यवान नहीं रहता, नामर्द और कमज़ोर हो जाता है। जिसका मन विषय {नफ़सानी ख्वाहिश} में भटकता है, वह क्या शेर मारेगा? यह बात अनगिनत मिसालों से साबित की जा सकतीं है। तब सवाल यह उठता है कि घर-संसारी को क्या करना चाहिए। लेकिन एसा सवाल उठने की कोई ज़रूरत नहीं। घर-संसारी ने जो संग किया (स्त्री की सोहबत की) वह विषय-भोग नहीं है, एसा कोई नहीं कहेगा। सन्तान पैदा करने के लिए हीं अपनी स्त्री का संग करने की बात

कही गयी है। और सत्याग्रही को सन्तान पैदा करने की इच्छा नहीं होनी चाहिए। इसलिए संसारी होने पर भी वह ब्रह्मचर्य का पालन कर सकता है। यह बात ज़्यादा खोलकर लिखने की ज़रूरत नहीं। स्त्री का क्या विचार है? यह सब कैसे हो सकता है? एसे विचार मन में पैदा होते हैं। फिर भी जिसे महान कार्यों में हिस्सा लेना है, उसे तो एसे सवालों का हल ढूँढ़ना हीं होगा।

जैसे ब्रह्मचर्य की ज़रूरत है वैसे हीं गरीबी को अपनाने की भी ज़रूरत है। पैसे का लोभ और सत्याग्रह का सेवनपालन (दोनों साथ साथ) कभी नहीं चल सकते। लेकिन मेरा मतलब यह नहीं है कि जिसके पास पैसा है वह उसे फेंक दे। फिर भी पैसे के बारे में लापरवाह रहने की ज़रूरत है। सत्याग्रह का सेवन करते हुए अगर पैसा चला जाय, तो चिन्ता नहीं करनी चाहिए।

जो सत्य का सेवन नहीं करता, वह सत्य का बल, सत्य की ताक़त कैसे दिखा सकेगा? इसलिए सत्य की तो पूरी-पूरी ज़रूरत रहेगी हीं। बड़े से बड़ा नुकसान होने पर भी सत्य को नहीं छोड़ा जा सकता। सत्य के लिए कुछ छिपाने को होता हीं नहीं। इसलिए सत्याग्रही के लिए छिपी सेना की ज़रूरत नहीं होती। जान बचाने के लिए झूठ बोलना चाहिए या नहीं, एसा सवाल यहाँ मन में नहीं उठाना चाहिए। जिसे झूठ का बचाव करना है, वही एसे बेकार सवाल उठाता है। जिसे सत्य की हीं राह लेनी है, उसके सामने एसे धर्म-संकट {दुबिधा} कभी आते हीं नहीं। एसी मुश्किल हालत में आ पड़े तो भी सत्यवादी उसमें से उबर जाता है।

अभय के बिना तो सत्याग्रही की गाड़ी एक कदम भी आगे नहीं चल सकतीं। अभय संपूर्ण और सब बातों के लिए होना चाहिए। जमीन-जायदाद का झूठी इज़्ज़त का, सगे-सम्बन्धियों का, राज-दरबार का, शरीर को पहुँचनेवाली चोटों का और मरण का अभय हो, तभी सत्याग्रह का पालन हो सकता है। यह सब करना मुश्किल है, एसा मानकर इसे छोड़ नहीं देना चाहिए। जो सिर पर पड़ता है उसे सह लेने की शक्ति कुदरत ने हर मनुष्य को दी है। जिसे देशसेवा न करनी हो, उसे भी एसे गुणों का सेवन करना चाहिए।

इसके सिवा, हम यह भी समझ सकते हैं कि जिसे हथियार-बल पाना होगा, उसे भी इन बातों की ज़रूरत रहेगी। रणवीर होना कोई एसी बात नहीं कि किसी ने इच्छा की और तुरन्त रणवीर हो गया। योद्धा (लड़वैया) को ब्रह्मचर्य का पालन करना होगा, भिखारी बनना होगा। रण में जिसके भीतर अभय न हो वह लड़ नहीं सकता। उसे (योद्धा को) सत्यव्रत का पालन करने की उतनी ज़रूरत नहीं है, एसा

शायद किसी को लगे। लेकिन जहाँ अभय है वहाँ सत्य क़ुदरती तौर पर रहता हीं है। मनुष्य जब सत्य को छोड़ता है तब किसी तरह के भय के कारण हीं छोड़ता है।

इसलिए इन चार गुणों {सिफ़तों} से डर जाने का कोई कारण नहीं है। फिर, तलवारबाज़ को और भी कुछ बेकार कोशिशें करनी पड़ती हैं, जो सत्याग्रही को नहीं करनी पड़तीं। तलवारबाज़ को जो दूसरी कोशिशें करनी पड़ती हैं, उसका कारण भय है। अगर उसमें पूरी निडरता आ जाय, तो उसी पल उसके हाथ से तलवार गिर जाएगी। फिर उसे तलवार के सहारे की ज़रूरत नहीं रहती। जिसकी किसी से दुश्मनी नहीं है, उसे तलवार की ज़रूरत हीं नहीं है। सिंह के सामने आनेवाले एक आदमी के हाथ की लाठी अपने-आप उठ गई। उसने देखा कि अभय का पाठ उसने सिर्फ़ ज़बानी हीं किया था। उसने लाठी छोड़ी और वह निर्भय-निडर बना।

---

1. गांधीजी ने 'दिहमूल' पाठ लिया है।-अनुवादक

18. शिक्षा

पाठक : आपने इतना सारा कहा, परन्तु उसमें कहीं भी शिक्षा-तालीम की ज़रूरत तो बताई हीं नहीं। हम शिक्षा की कमी की हमेशा शिकायत करते रहते हैं। लाज़िमी तालीम देने का आन्दोलन हम सारे देश में देखते हैं। महाराजा गायकवाड़ ने (अपने राज्य में) लाज़िमी शिक्षा शुरू की है। उसकी ओर सबका ध्यान गया है। हम उन्हें धन्यवाद देते हैं। यह सारी कोशिश क्या बेकार हीं समझनी चाहिए?

सम्पादक : अगर हम अपनी सभ्यता {तहजीब} को सबसे अच्छी मानते हैं, तब तो मुझे अफसोस के साथ कहना पड़ेगा कि वह कोशिश ज़्यादातर बेकार हीं है। महाराजा साहब और हमारे दूसरे धुरन्धर {बहुत बड़े} नेता सबको तालीम देने की जो कोशिश कर रहें हैं, उसमें उनका हेतु निर्मल है। इसलिए उन्हें धन्यवाद हीं देना चाहिए। लेकिन उनके हेतु का जो नतीजा आने की सम्भावना है, उसे हम छिपा नहीं सकते।

शिक्षा: तालीम का अर्थ क्या है? अगर उसका अर्थ सिर्फ़ अक्षरज्ञान हीं हो, तो वह तो एक साधन जैसी हीं हुई। उसका अच्छा उपयोग भी हो सकता है और बुरा उपयोग भी हो सकता है। एक शस्त्र {औज़ार} से चीर-फाड़ करके बीमार को अच्छा किया जा सकता है और वही शस्त्र किसी की जान लेने के लिए भी काम में लाया जा सकता है। अक्षर-ज्ञान का भी एसा हीं है। बहुत से लोग उसका बुरा उपयोग करते हैं, यह तो हम देखते हीं हैं। उसका अच्छा उपयोग प्रमाण {मुकाबले} में कम हीं लोग करते हैं। यह बात अगर ठीक है तो इससे यह साबित होता है कि अक्षर ज्ञान से दुनिया को फायदे के बदले नुकसान हीं हुआ है।

शिक्षा का साधारण अर्थ अक्षर-ज्ञान हीं होता है। लोगों को लिखना, पढ़ना और हिसाब करना सिखाना बुनियादी या प्राथमिक-प्रायमरी-शिक्षा कहलाती है। एक किसान ईमानदारी से ख़ुद खेती करके रोटी कमाता है। उसे मामूली तौर पर दुनियावी ज्ञान है। अपने माँ-बाप के साथ कैसे बरतना, अपनी स्त्री के साथ कैसे बरतना, बच्चों

से कैसे पेश आना, जिस देहात में वह बसा हुआ है वहाँ उसकी चालढाल कैसी होनी चाहिए, इस सबका उसे काफी ज्ञान है। वह नीति के नियम समझता है और उनका पालन करता है। लेकिन वह अपने दस्तखत करना नहीं जानता। इस आदमी को आप अक्षर ज्ञान देकर क्या करना चाहते हैं? उसके सुख में आप कौन सी बढ़ती करेंगे? क्या उसकी झोंपड़ी या उसकी हालत के बारे में आप उसके मन में असन्तोष पैदा करना चाहते हैं? एसा करना हो तो भी उसे अक्षर-ज्ञान देने की ज़रूरत नहीं है। पश्चिम के असर के नीचे आकर हमने यह बात चलायी है कि लोगों को शिक्षा देनी चाहिए। लेकिन उसके बारे में हम आगे-पीछे की बात सोचते हीं नहीं।

अब ऊँची शिक्षा को लें। मैं भूगोल-विद्या सीखा, खगोल-विद्या (आकाश के तारों की विद्या) सीखा, बीजगणित (एलजब्रा) भी मुझे आ गया, रेखागणित (ज्योमेट्री) का ज्ञान भी मैंने हासिल किया, भूगर्भ विद्या को भी मैं पी गया। लेकिन उससे क्या? उससे मैंने अपना कौन सा भला किया? अपने आसपास के लोगों का क्या भला किया? किस मकसद से मैंने वह ज्ञान हासिल किया? उससे मुझे क्या फायदा हुआ? एक अंग्रेज़ विद्वान (हक़्सली) ने शिक्षा के बारे में यों कहा है: "उस आदमी ने सच्ची शिक्षा पाई है, जिसके शरीर को एसी आदत डाली गई है कि वह उसके बस में रहता है, जिसका शरीर चैन से और आसानी से सौंपा हुआ काम करता है। उस आदमी ने सच्ची शिक्षा पाई है, जिसकी बुद्धि शुद्ध, शान्त और न्यायदर्शी {इन्साफ़ को परखनेवाली} है। उसने सच्ची शिक्षा पाई है, जिसका मन क़ुदरती क़ानूनों से भरा है और जिसकी इन्द्रियाँ उसके बस में हैं, जिसके मन की भावनायें बिल्कुल शुद्ध हैं, जिसे नीच कामों से नफ़रत है और जो दूसरों को अपने जैसा मानता है। एसा आदमी हीं सच्चा शिक्षित (तालीमशुदा) माना जायेगा, क्योंकि वह कुदरत के क़ानून के मुताबिक चलता है। कुदरत उसका अच्छा उपयोग करेगी और वह कुदरत का अच्छा उपयोग करेगा।" अगर यही सच्ची शिक्षा हो तो मैं कसम खाकर कहूँगा कि ऊपर जो शास्त्र मैंने गिनाए हैं उनका उपयोग मेरे शरीर या मेरी इन्द्रियों को बस में करने के लिए मुझे नहीं करना पड़ा। इसलिए प्राइमरी-प्राथमिक शिक्षा को लीजिये या ऊँची शिक्षा को लीजिये, उसका उपयोग मुख्य बात में नहीं होता। उससे हम मनुष्य नहीं बनते–उससे हम अपना कर्तव्य {फ़र्ज़} नहीं जान सकते।

पाठक : अगर ऐसा हीं है, तो मैं आपसे एक सवाल करूँगा। आप ये जो सारी बातें कह रहें हैं, वह किसकी बदौलत कह रहें हैं? अगर आपने अक्षर-ज्ञान और ऊँची शिक्षा नहीं पायी होती, तो ये सब बातें आप मुझे कैसे समझा पाते?

सम्पादक : आपने अच्छी सुनाई। लेकिन आपके सवाल का मेरा जवाब भी सीधा हीं है। अगर मैंने ऊँची या नीची शिक्षा नहीं पाई होती, तो मैं नहीं मानता कि मैं निकम्मा आदमी हो जाता। अब ये बातें कहक़र मैं उपयोगी बनने की इच्छा रखता हूँ। एसा करते हुए जो कुछ मैंने पढ़ा उसे मैं काम में लाता हूँ; और उसका उपयोग, अगर वह उपयोग हो तो, मैं अपने करोड़ों भाईयों के लिए नहीं कर सकता, सिर्फ़ आप जैसे पढ़े-लिखों के लिए हीं कर सकता हूँ। इससे भी मेरी हीं बात का समर्थन {ताईद} होता है। मैं और आप दोनों गलत शिक्षा के पंजे में फैंस गये थे। उसमें से मैं अपने को मुक्त हुआ मानता हूँ। अब वह अनुभव मैं आपको देता हूँ और उसे देते समय ली हुई शिक्षा का उपयोग करके उसमें रही सड़न मैं आपको दिखाता हूँ।

इसके सिवा, आपने जो बात मुझे सुनाई उसमें आप गलती खा गये, क्योंकि मैंने अक्षर-ज्ञान को (हर हालत में) बुरा नहीं कहा है। मैंने तो इतना हीं कहा है कि उस ज्ञान की हमें मूर्ति की तरह पूजा नहीं करनी चाहिए। वह हमारी कामधेनु {मनचाहा देनेवाली गाय} नहीं है। वह अपनी जगह पर शोभा दे सकता है। और वह जगह यह है: जब मैंने और आपने अपनी इन्द्रियों को बस में कर लिया हो, जब हमने नीति की नींव मज़बूत बना ली हो, तब अगर हमें अक्षर ज्ञान पाने की इच्छा हो, तो उसे पाकर हम उसका अच्छा उपयोग कर सकते हैं। वह शिक्षा आभूषण {गहना} के रूप में अच्छी लग सकतीं है। लेकिन अक्षर-ज्ञान का अगर आभूषण के तौर पर हीं उपयोग हो, तो एसी शिक्षा को लाज़िमी करने की हमें ज़रूरत नहीं। हमारे पुराने स्कूल हीं काफी हैं। वहाँ नीति को पहला स्थान दिया जाता है। वह सच्ची प्राथमिक शिक्षा है। उस पर हम जो इमारत खड़ी करेंगे वह टिक सकेगी।

पाठक : तब क्या मेरा यह समझना ठीक है कि आप स्वराज्य के लिए अंग्रेज़ी शिक्षा का कोई उपयोग नहीं मानते?

सम्पादक : मेरा जवाब 'हाँ' और 'नहीं' दोनों है। करोड़ों लोगों को अंग्रेज़ी की शिक्षा देना उन्हें ग़ुलामी में डालने जैसा है। मेकोले ने शिक्षा की जो बुनियाद डाली, वह सचमुच ग़ुलामी की बुनियाद थी। उसने इसी इरादे से अपनी योजना बनाई थी, एसा मैं नहीं सुझाना चाहता। लेकिन उसके काम का नतीजा यही निकला है। यह कितने दु:ख की बात है कि हम स्वराज्य की बात भी पराई भाषा में करते हैं?

जिस शिक्षा को अंग्रेज़ों ने ठुकरा दिया है वह हमारा सिंगार बनती है, यह जानने लायक है। उन्हीं के विद्वान कहते रहते हैं कि उसमें यह अच्छा नहीं है, वह अच्छा नहीं है। वे जिसे भूल-से गये हैं, उसी से हम अपने अज्ञान के कारण चिपके रहते हैं।

उनमें अपनी अपनी भाषा की उन्नति करने की कोशिश चल रही है। वेल्स इंग्लैंड का एक छोटा सा परगना है; उसकी भाषा धूल जैसी नगण्य है। एसी भाषा का अब जीर्णेद्धार[1] हो रहा है।

वेल्स के बच्चे वेल्श भाषा में हीं बोलें, एसी कोशिश वहाँ चल रही है। इसमें इंग्लैंड के खजांची लॉयड जोर्ज बड़ा हिस्सा लेते हैं। और हमारी दशा कैसी है? हम एक-दूसरे को पत्र लिखते हैं तब गलत अंग्रेज़ी में लिखते हैं। एक साधारण एम. ए. पास आदमी भी एसी गलत अंग्रेज़ी से बचा नहीं होता। हमारे अच्छे से अच्छे विचार प्रगट {ज़ाहिर} करने का जरिया है अंग्रेज़ी; हमारी कांग्रेस का कारोबार भी अंग्रेज़ी में चलता है। अगर एसा लम्बे अरसे तक चला, तो मेरा मानना है कि आनेवाली पीढ़ी हमारा तिरस्कार करेगी और उसका शाप {बददुआ} हमारी आत्मा को लगेगा।

आपको समझना चाहिए कि अंग्रेज़ी शिक्षा लेकर हमने अपने राष्ट्र को ग़ुलाम बनाया है। अंग्रेज़ी शिक्षा से दंभ {ढोंग}, राग {ममता} द्वेष}, जुल्म वगैरा बढ़े हैं। अंग्रेज़ी शिक्षा पाये हुए लोगों ने प्रजा को ठगने में, उसे परेशान करने में कुछ भी उठा नहीं रखा है। अब अगर हम अंग्रेज़ी शिक्षा पाये हुए लोग उसके लिए कुछ करते हैं, तो उसका हम पर जो कर्ज चढ़ा हुआ है उसका कुछ हिस्सा हीं हम अदा करते हैं।

यह क्या कम जुल्म की बात है कि अपने देश में अगर मुझे इन्साफ़ पाना हो, तो मुझे अंग्रेज़ी भाषा का उपयोग करना चाहिए! बैरिस्टर होने पर मैं स्वभाषा में बोल हीं नहीं सकता! दूसरे आदमी को मेरे लिए तरजुमा कर देना चाहिए ! यह कुछ कम दंभ है? यह ग़ुलामी की हद नहीं तो और क्या है? इसमें मैं अंग्रेज़ों का दोष निकालूँ या अपना? हिन्दुस्तान को ग़ुलाम बनानेवाले तो हम अंग्रेज़ी जाननेवाले लोग हीं हैं। राष्ट्र की हाय अंग्रेज़ों पर नहीं पड़ेगी, बल्कि हम पर पड़ेगी।

लेकिन मैंने आपसे कहा कि मेरा जवाब 'हाँ' और 'ना' दोनों है। हाँ! कैसे सो मैंने आपको समझाया।

अब 'ना' कैसे यह बताता हूँ। हम सभ्यता के रोग में एसे फँस गये हैं कि अंग्रेज़ी शिक्षा बिल्कुल लिये बिना अपना काम चला सकें एसा समय अब नहीं रहा। जिसने वह शिक्षा पाई है, वह उसका अच्छा उपयोग करे। अंग्रेज़ों के साथ के व्यवहार में, एसे हिन्दुस्तानियों के साथ के व्यवहार में जिनकी भाषा हम समझ न सकते हों और अंग्रेज़ ख़ुद अपनी सभ्यता से कैसे परेशान हो गये हैं यह समझने के लिए अंग्रेज़ी का उपयोग किया जाये। जो लोग अंग्रेज़ी पढ़े हुए हैं उनकी सन्तानों को पहले तो नीति सिखानी चाहिए, उनकी मातृभाषा {मादरी जबान} सिखानी चाहिए

और हिन्दुस्तान की एक दूसरी भाषा सिखानी चाहिए। बालक जब पुख्ता (पक्की) उम्र के हो जायें तब भले हीं वे अंग्रेज़ी शिक्षा पायें, और वह भी उसे मिटाने के इरादे से, न कि उसके जरिये पैसे कमाने के इरादे से। एसा करते हुए भी हमें यह सोचना होगा कि अंग्रेज़ी में क्या सीखना चाहिए और क्या नहीं सीखना चाहिए। कोन से शास्त्र पढ़ने चाहिए, यह भी हमें सोचना होगा। थोड़ा विचार करने से हीं हमारी समझ में आ जाएगा कि अगर अंग्रेज़ी डिग्री लेना हम बन्द कर दें, तो अंग्रेज हाकिम चौकेंगे।

पाठक : तब कैसी शिक्षा दी जाय?

संपादक : उसका जवाब ऊपर कुछ हद तक आ गया है। फिर भी इस सवाल पर हम और विचार करें। मुझे तो लगता है कि हमें अपनी सभी भाषाओं को उज्ज्वल-शानदार बनाना चाहिए। हमें अपनी भाषा में हीं शिक्षा लेनी चाहिए-इसके क्या मानी है, इसे ज़्यादा समझाने का यह स्थान नहीं है। जो अंग्रेजी पुस्तकें काम की हैं, उनका हमें अपनी भाषा में अनुवाद करना होगा। बहुत से शास्त्र सीखने का दंभ और वहम हमें छोड़ना होगा। सबसे पहले तो धर्म की शिक्षा या नीति की शिक्षा दी जानी चाहिए। हर एक पढ़े-लिखे हिन्दुस्तानी को अपनी भाषा का, हिन्दू को संस्कृत का, मुसलमान को अरबी का, पारसी को फारसी का और सबको हिन्दी का ज्ञान होना चाहिए। कुछ हिन्दुओं को अरबी और कुछ मुसलमानों और पारसियों को संस्कृत सीखनी चाहिए। उत्तरी और पश्चिमी हिन्दुस्तान के लोगों को तामिल सीखनी चाहिए। सारे हिन्दुस्तान के लिए जो भाषा चाहिए, वह तो हिन्दी हीं होनी चाहिए। उसे उर्दू या नागरी लिपि में लिखने की छूट रहनी चाहिए। हिन्दू-मुसलमानों के सम्बन्ध ठीक रहें, इसलिए बहुत से हिन्दुस्तानियों का इन दोनों लिपियों को जान लेना ज़रूरी है। एसा होने से हम आपस के व्यवहार में अंग्रेज़ी को निकाल सकेंगे।

और यह सब किसके लिए ज़रूरी है? हम जो ग़ुलाम बन गये हैं उनके लिए। हमारी ग़ुलामी की वजह से देश की प्रजा ग़ुलाम बनी है। अगर हम ग़ुलामी से छूट जायँ, तो प्रजा तो छूट हीं जाएगी

पाठक : आपने जो धर्म की शिक्षा की बात कही वह बड़ी कठिन है।

सम्पादक : फिर भी उसके बिना हमारा काम नहीं चल सकता। हिन्दुस्तान कभी नास्तिक नहीं बनेगा। हिन्दुस्तान की भूमि में नास्तिक फल-फूल नहीं सकते। बेशक, यह काम मुश्किल है। धर्म की शिक्षा का ख़याल करते हीं सिर चकराने लगता है। धर्म के आचार्य दंभी और स्वार्थी {ख़ुदगर्ज} मालूम होते हैं। उनके पास

पहुँचकर हमें नम्र भाव से उन्हें समझाना होगा। उसकी कुन्जी मुल्लों, दस्तूरों और ब्राह्मणों के हाथ में है। लेकिन उनमें अगर सद्बुद्धि पैदा न हो, तो अंग्रेज़ी शिक्षा के कारण हममें जो जोश पैदा हुआ है उसका उपयोग करके हम लोगों को नीति की शिक्षा दे सकते हैं। यह कोई बहुत मुश्किल बात नहीं है। हिन्दुस्तानी सागर के किनारे पर हीं मैल जमा है। उस मैल से जो गंदे हो गये हैं उन्हें साफ़ होना है। हम लोग एसे हीं हैं और ख़ुद हीं बहुत कुछ साफ़ हो सकते हैं। मेरी यह टीका करोड़ों लोगों के बारे में नहीं है। हिन्दुस्तान को असली रास्ते पर लाने के लिए हमें हीं असली रास्ते पर आना होगा। बाकी करोड़ों लोग तो असली रास्ते पर हीं हैं। उसमें सुधार, बिगाड़, उन्नति {तरक्की}, अवनति {गिरावट} समय के अनुसार होते हीं रहेंगे। पश्चिम की सभ्यता को निकाल बाहर करने की हीं हमें कोशिश करनी चाहिए। दूसरा सब अपने-आप ठीक हो जाएगा।

---

1. उद्धार-संवार, फिर से जिलाने की कोशिश

19. मशीनें

पाठक : आप पश्चिम की सभ्यता को निकाल बाहर करने की बात कहते हैं, तब तो आप यह भी कहेंगे कि हमें कोई भी मशीन नहीं चाहिए।

सम्पादक : मुझे जो चोट लगी थी उसे यह सवाल करके आपने ताजा कर दिया है। मि. रमेशचन्द्र दत्त की पुस्तक *हिन्दुस्तान का आर्थिक इतिहास* जब मैंने पढ़ी, तब भी मेरी एसी हालत हो गई थी। उसका फिर से विचार करता हूँ, तो मेरा दिल भर आता है। मशीन की झपट लगने से हीं हिन्दुस्तान पामाल हो गया है। मैन्चेस्टर ने हमें जो नुकसान पहुँचाया है, उसकी तो कोई हद हीं नहीं है। हिन्दुस्तान से कारीगरी जो करीब-करीब खत्म हो गई, वह मैन्चेस्टर का हीं काम है।

लेकिन मैं भूलता हूँ। मैन्चेस्टर को दोष कैसे दिया जा सकता है? हमने उसके कपड़े पहने तभी तो उसने कपड़े बनाये। बंगाल की बहादुरी का वर्णन {जिक्र} जब मैंने पढ़ा तब मुझे हर्ष {भारी ख़ुशी} हुआ। बंगाल में कपड़े की मिलें नहीं हैं, इसलिए लोगों ने अपना असली धंधा फिर से हाथ में ले लिया। बंगाल बम्बई की मिलों को बढ़ावा देता है वह ठीक हीं है; लेकिन अगर बंगाल ने तमाम मशीनों से परहेज किया होता, उनका बायकाटत्-बहिष्कार किया होता, तो और भी अच्छा होता।

मशीनें यूरोप को उजाड़ने लगी हैं और वहाँ की हवा अब हिन्दुस्तान में चल रही है। यन्त्र आज की सभ्यता की मुख्य निशानी है और वह महापाप है, एसा मैं तो साफ़ देख सकता हूँ।

बम्बई की मिलों में जो मजदूर काम करते हैं, वे ग़ुलाम बन गये हैं। जो औरतें उनमें काम करती हैं, उनकी हालत देखकर कोई भी काँप उठेगा। जब मिलों की वर्षा नहीं हुई थी तब वे औरतें भूखों नहीं मरती थीं। मशीन की यह हवा अगर ज़्यादा चली, तो हिन्दुस्तान की बुरी दशा होगी।

मेरी बात आपको कुछ मुश्किल मालूम होती होगी। लेकिन मुझे कहना चाहिए कि हम हिन्दुस्तान में मिलें कायम करें, उसके बजाय हमारा भला इसी में है कि हम मैन्चेस्टर को और भी रूपये भेजकर उसका सड़ा हुआ कपड़ा काम में लें; क्योंकि

उसका कपड़ा काम में लेने से सिर्फ़ हमारे पैसे हीं जायेंगे। हिन्दुस्तान में अगर हम मैन्चेस्टर कायम करेंगे तो पैसा हिन्दुस्तान में हीं रहेगा, लेकिन वह पैसा हमारा ख़ून चूसेगा; क्योंकि वह हमारी नीति को बिल्कुल खतम कर देगा। जो लोग मिलों में काम करते हैं उनकी नीति कैसी है, यह उन्हीं से पूछा जाय। उनमें से जिन्होंने रूपये जमा किये हैं, उनकी नीति दूसरे पैसेवालों से अच्छी नहीं हो सकतीं। अमरीका के रॉकफेलरों से हिन्दुस्तान के रॉकफेलर कुछ कम हैं, एसा मानना निरा अज्ञान है। गरीब हिन्दुस्तान तो ग़ुलामी से छूट सकेगा, लेकिन अनीति से पैसेवाला बना हुआ हिन्दुस्तान ग़ुलामी से कभी नहीं छूटेगा।

मुझे तो लगता है कि हमें यह स्वीकार करना होगा कि अंग्रेज़ी राज्य को यहाँ टिकाए रखनेवाले ये धनवान लोग हीं हैं। एसी स्थिति में हीं उनका स्वार्थ सधेगा। पैसा आदमी को दीन {लाचार} बना देता है। एसी दूसरी चीज़ दुनिया में विषय-भोग {शहवत} है। ये दोनों विषय {बातें} विषमय {ज़हरीले} हैं। उनका डंक साँप के डंक से ज़्यादा ज़हरीला है। जब साँप काटता है तो हमारा शरीर लेकर हमें छोड़ देता है। जब पैसा या विषय काटता है तब वह शरीर, ज्ञान, मन सब-कुछ ले लेता है, तो भी हमारा छुटकारा नहीं होता। इसलिए हमारे देश में मिलें कायम हों, इसमें ख़ुश होने जैसा कुछ नहीं है।

पाठक : तब क्या मिलों को बन्द कर दिया जाय?

सम्पादक : यह बात मुश्किल है। जो चीज़ स्थायी या मज़बूत हो गई है, उसे निकालना मुश्किल है। इसीलिए काम शुरू न करना पहली बुद्धिमानी है।[1] मिल मालिकों की ओर हम नफ़रत की निगाह से नहीं देख सकते। हमें उन पर दया करनी चाहिए। वे यकायक मिलें छोड़ दें, यह तो मुमकिन नहीं है; लेकिन हम उनसे एसी बिनती कर सकते हैं कि वे अपने इस साहस को बढ़ाये नहीं। अगर वे देश का भला करना चाहें, तो ख़ुद अपना काम धीरे धीरे कम कर सकते हैं। वे ख़ुद पुराने, प्रौढ़, पवित्र चरखे देश के हज़ारों घरों में दाखिल कर सकते हैं और लोगों का बुना हुआ कपड़ा लेकर उसे बेच सकते हैं।

अगर वे एसा न करें तो भी लोग ख़ुद मशीनों का कपड़ा इस्तेमाल करना बन्द कर सकते हैं।

पाठक : यह तो कपड़े के बारे में हुआ। लेकिन यन्त्र की बनी तो अनेक चीज़ें हैं। वे चीज़ें या तो हमें परदेश से लेनी होंगी या एसे यन्त्र हमारे देश में दाखिल करने होंगे।

सम्पादक : सचमुच हमारे देव (मूर्तियाँ) भी जर्मनी के यन्त्रों में बनकर आते

हैं; तो फिर दियासलाई या आलपिन से लेकर काँच के झाड़-फानूस की तो बात हीं क्या? मेरा अपना जवाब तो एक हीं है। जब ये सब चीज़ें यन्त्र से नहीं बनती थीं तब हिन्दुस्तान क्या करता था? वैसा हीं वह आज भी कर सकता है। जब तक हम हाथ से आलपिन नहीं बनायेंगे तब तक उसके बिना हम अपना काम चला लेंगे। झाड़-फानूस को आग लगा देंगे। मिट्टी के दीये में तेल डालकर और हमारे खेत में पैदा हुई रूई की बत्ती बना कर दीया जलायेंगे। एसा करने से हमारी आँखें (ख़राब होने से) बचेंगी, पैसे बचेंगे और हम स्वदेशी रहेंगे, बनेंगे और स्वराज्य की धूनी जगायेंगे।

यह सारा काम सब लोग एक ही समय में करेंगे या एक ही समय में कुछ लोग यन्त्र की सब चीज़ें छोड़ देंगे, यह सम्भव नहीं है। लेकिन अगर यह विचार सही होगा, तो हम हमेशा शोध-खोज करते रहेंगे और हमेशा थोड़ी-थोड़ी चीज़ें छोड़ते जायेंगे। अगर हम एसा करेंगे तो दूसरे लोग भी एसा करेंगे। पहले तो यह विचार जड़ पकड़े यह ज़रूरी है; बाद में उसके मुताबिक काम होगा। पहले एक हीं आदमी करेगा, फिर दस, फिर सौ–यों नारियल की कहानी की तरह लोग बढ़ते हीं जायेंगे। बड़े लोग जो काम करते हैं, उसे छोटे भी करते हैं और करेंगे। समझें तो बात छोटी और सरल है। आपको और मुझे दूसरों के करने की राह नहीं देखना है। हम तो ज्यों हीं समझ लें त्यों हीं उसे शुरू कर दें। जो नहीं करेगा वह खोयेगा। समझते हुए भी जो नहीं करेगा, वह निरा दंभी कहलायेगा।

पाठक : ट्रामगाड़ी और बिजली की बत्ती का क्या होगा?

सम्पादक : यह सवाल आपने बहुत देर से किया। इस सवाल में अब कोई जान नहीं रही। रेलने अगर हमारा नाश किया है, तो क्या ट्राम नहीं करती? यन्त्र तो साँप का एसा बिल है, जिसमें एक नहीं बल्कि सैकड़ों साँप होते हैं। एक के पीछे दूसरा लगा हीं रहता है। जहाँ यन्त्र होंगे वहाँ बड़े शहर होंगे। जहाँ बड़े शहर होंगे वहाँ ट्रामगाड़ी और रेलगाड़ी होगी। वहीं बिजली की बत्ती की ज़रूरत रहती है। आप जानते होंगे कि विलायत में भी देहातों में बिजली की बत्ती या ट्राम नहीं है। प्रामाणिक (ईमानदार) वैद्य और डॉक्टर आपको बतायेंगे कि जहाँ रेलगाड़ी, ट्रामगाड़ी वगैरा साधन {जरिये} बढ़े हैं, वहाँ लोगों की तन्दुरूस्ती गिरी हुई होती है। मुझे याद है कि यूरोप के एक शहर में जब पैसे की तंगी हो गई थी तब ट्रामों, वकीलों और डॉक्टरों की आमदनी घट गयी थी, लेकिन लोग तन्दुरूस्ती हो गये थे।

यन्त्र का गुण तो मुझे एक भी याद नहीं आता, जब कि उसके अवगुणों से मैं पूरी किताब लिख सकता हूँ।

पाठक : यह सारा लिखा हुआ यन्त्र की मदद से छापा जाएगा और उसकी

मदद से बाँटा जाएगा, यह यन्त्र का गुण है या अवगुण?

सम्पादक : यह 'ज़हर की दवा ज़हर है' की मिसाल है। इसमें यन्त्र का कोई गुण नहीं है। यन्त्र मरते मरते कह जाता है कि 'मुझसे बचिए, होशियार रहिये; मुझसे आपको कोई फायदा नहीं होने का।' अगर एसा कहा जाय कि यन्त्र ने इतनी ठीक कोशिश की, तो यह भी उन्हीं के लिए लागू होता है जो यन्त्र की जाल में फँसे हुए हैं।

लेकिन मूल बात न भूलियेगा। मन में यह तय कर लेना चाहिए कि यन्त्र ख़राब चीज़ है। बाद में हम उसका धीरे-धीरे नाश करेंगे। एसा कोई सरल {आसान, सीधा}, रास्ता कुदरत ने हीं बनाया नहीं है कि जिस चीज़ की हमें इच्छा हो वह तुरन्त मिल जाय। यन्त्र के ऊपर हमारी मीठी नज़र के बजाय ज़हरीली नज़र पड़ेगी, तो आख़िर वह जाएगा हीं। ,

---

1. अनारम्भो हि कार्यणाम् प्रथमं बुद्धिलक्षणम्,
आरब्धस्यान्तगमनम् द्वितीयं बुद्धिलक्षणम्।

20. छुटकारा

पाठक : आपके विचारों से एसा लगता है कि आप एक तीसरा हीं पक्ष कायम करना चाहते हैं। आप एक्स्ट्रीमिस्ट भी नहीं हैं और मोडरेट भी नहीं हैं।

सम्पादक : यहाँ आपकी भूल होती है। मेरे मन में तीसरे पक्ष का कोई ख़याल नहीं है। सबके विचार एक से नहीं रहते। मोडरेटों में भी सब एक हीं विचार के हैं, एसा नहीं मानना चाहिए। जिसे (लोगों की) सेवा हीं करनी है, उसके लिए पक्ष कैसा? मैं तो मोडरेटों की सेवा करूँगा और एक्स्ट्रीमिस्टों की भी करूँगा। जहाँ उनके विचार से मेरी राय अलग पड़ेगी वहाँ मैं उन्हें नम्रता से बताऊँगा और अपना काम करता चलूँगा।

पाठक : अगर आप दोनों से कहना चाहें तो क्या कहेंगे?

सम्पादक : एक्स्ट्रीमिस्टों से मैं कहूँगा कि आपका हेतु हिन्दुस्तान के लिए स्वराज्य हासिल करने का है। स्वराज्य आपकी कोशिश से मिलनेवाला नहीं है। स्वराज्य तो सबको अपने लिए पाना चाहिए– और सबको उसे अपना बनाना चाहिए। दूसरे लोग जो स्वराज्य दिला दें वह स्वराज्य नहीं है, बल्कि परराज्य है। इसलिए सिर्फ़ अंग्रेज़ों को बाहर निकाला कि आपने स्वराज्य पा लिया, एसा अगर आप मानते हों तो वह ठीक नहीं है। सच्चा स्वराज्य जो मैंने पहले बताया वही होना चाहिए। उसे आप गोला-बारूद से कभी नहीं पायेंगे। गोला-बारूद हिन्दुस्तान को सधेगा नहीं। इसलिए सत्याग्रह पर हीं भरोसा रखिए। मन में ऐसा शक भी पैदा न होने दीजिये कि स्वराज्य पाने के लिए हमें गोला-बारूद की ज़रूरत है।

मोडरेटों से मैं कहूँगा कि हम खाली आजिज़ी करना चाहें, यह तो हमारी हीनता {कमी} होगी। उसमें हम अपना हलकापन कबूल करते हैं। 'अंग्रेजों से सम्बन्ध रखना हमारे लिए ज़रूरी है'–ऐसा कहना हमारे लिए, ईश्वर के चोर बनने जैसा हो जाता है। हमें ईश्वर के सिवा और किसी की ज़रूरत है, एसा कहना ठीक नहीं है। और साधारण विचार करने से भी हमें लगेगा कि 'अंग्रेज़ों के बिना आज तो हमारा काम चलेगा हीं नहीं.' एसा कहना अंग्रेजों को अभिमानी बनाने जैसा होगा।

अंग्रेज़ बोरिया-बिस्तर बाँधकर अगर चले जायेंगे, तो हिन्दुस्तान अनाथ हो जाएगा एसा नहीं मानना चाहिए। अगर वे गये तो सम्भव है कि जो लोग उनके दबाव से चुप रहें होंगे वे लड़ेंगे। फोड़े को दबाकर रखने से कोई फायदा नहीं। उसे तो फूटना हीं चाहिए। इसलिए अगर हमारे भाग में आपस में लड़ना हीं लिखा होगा तो हम लड़ मरेंगे। उसमें कमज़ोर को बचाने के बहाने किसी दूसरे को बीच में पड़ने की ज़रूरत नहीं है। इसी से तो हमारा सत्यानाश हुआ है। इस तरह कमज़ोर को बचाना उसे और भी कमज़ोर बनाने जैसा है। मोडरेटों को इस बात पर अच्छी तरह विचार करना चाहिए। इसके बिना स्वराज्य नहीं प्राप्त हो सकता। में उन्हें एक अंग्रेज़ पादरी के शब्दों की याद दिलाऊँगा : "स्वराज्य में अंधाधुंधी बरदाश्त की जा सकतीं है, लेकिन परराज्य की व्यवस्था (बन्दोबस्त) हमारी कंगाली को बताती है।" सिर्फ़ उस पादरी के स्वराज्य का और हिन्दुस्तान के स्वराज्य का अर्थ अलग है। हम किसी का भी जुल्म या दबाव नहीं चाहते-चाहे वह गोरा हो या हिन्दुस्तानी हो। हम सबको तैरना सीखना और सिखाना है।

अगर एसा हो तो एक्स्ट्रीमिस्ट और मोडरेट दोनों मिलेंगे–मिल सकेंगे-दोनों को मिलना चाहिए; दोनों को एक-दूसरे का डर रखने की या अविश्वास करने की ज़रूरत नहीं है।

पाठक : इतना तो आप दोनों पक्षों से कहेंगे। परन्तु अंग्रेज़ों से क्या कहेंगे?

सम्पादक : उनसे मैं विनय से कहूँगा कि आप हमारे राजा ज़रूर हैं। आप अपनी तलवार से हमारे राजा हैं या हमारी इच्छा से, इस सवाल की चर्चा मुझे करने की ज़रूरत नहीं। आप हमारे देश में रहें इसका भी मुझे द्वेष {डाह, इर्ष्या, बैर} नहीं है। लेकिन राजा होते हुए भी आपको हमारे नौकर बनकर रहना होगा। आपका कहा हमें नहीं, बल्कि हमारा कहा आपको करना होगा। आज तक आप इस देश से जो धन ले गये, वह भले आपने हजम कर लिया। लेकिन अब आगे आपका एसा करना हमें पसन्द नहीं होगा। आप हिन्दुस्तान में सिपाहगिरी करना चाहें तो रह सकते हैं। हमारे साथ व्यापार करने का लालच आपको छोड़ना होगा। जिस सभ्यता की आप हिमायत करते हैं, उसे हम नुकसानदेह मानते हैं। अपनी सभ्यता को हम आपको सभ्यता से कहीं ज़्यादा ऊँची समझते हैं। आपको भी एसा लगे तो उसमें आपका लाभ हीं है। लेकिन एसा न लगे तो भी आपको, आपकी कहावत[1] के मुताबिक, हमारे देश में हिन्दुस्तानी होकर रहना होगा। आपको एसा कुछ नहीं करना चाहिए, जिससे हमारे धर्म को बाधा पहुँचे। राजकर्ता होने के नाते आपका फ़र्ज़ है कि हिन्दुओं की भावना का आदर करने के लिए आप गाय का मांस खाना छोड़ दें

और मुसलमानों के खातिर बुरे जानवर-(सूअर का मांस खाना छोड़ दें। हम दब गये थे इसलिए बोल नहीं सके, लेकिन आप एसा न समझें कि आपके इस बरताव से हमारी भावनाओं को चोट नहीं पहुँची है। हम स्वार्थ या दूसरे भय से आज तक कह नहीं सके, लेकिन अब यह कहना हमारा फ़र्ज़ हो गया है। हम मानते हैं कि आपकी कायम की हुई शालाएँ और अदालते हमारे किसी काम की नहीं हैं। उनके बजाय हमारी पुरानी असली शालाएँ और अदालते हीं हमें चाहिए।

हिन्दुस्तान की आम भाषा अंग्रेज़ी नहीं बल्कि हिन्दी है। वह आपको सीखनी होगी और हम तो आपके साथ अपनी भाषा में हीं व्यवहार करेंगे।

आप रेलवे और फौज के लिए बेशुमार रूपये ख़र्च करते हैं, यह हमसे देखा नहीं जाता। हमें उसकी ज़रूरत नहीं मालूम होती। रूस का डर आपको होगा, हमें नहीं है। रूसी आयेंगे तब हम उनसे निबट लेंगे; आप होंगे तो हम दोनों मिलकर उनसे निबट लेंगे। हमें विलायती या यूरोपी कपड़ा नहीं चाहिए। इस देश में पैदा होनेवाली चीज़ों से हीं हम अपना काम चला लेंगे। आपकी एक आँख मैन्चेस्टर पर और दूसरी हम पर रहें, यह अब नहीं पुसायेगा। आपका और हमारा स्वार्थ एक हीं है, इस तरह आप बरतेंगे तभी हमारा साथ बना रह सकता है।

आपसे यह सब हम बेअदबी से नहीं कह रहें हैं। आपके पास हथियार-बल है, भारी जहाजी सेना है। उसके ख़िलाफ वैसी हीं ताक़त से हम नहीं लड़ सकते। लेकिन आपको अगर ऊपर कही गई बात मन्जूर न हो, तो आपसे हमारी नहीं बनेगी। आपकी मरजी में आये तो और मुमकिन हो तो आप हमें तलवार से काट सकते हैं, मरजी में आये तो हमें तोप से उड़ा सकते हैं। हमें जो पसन्द नहीं है वह अगर आप करेंगे, तो हम आपकी मदद नहीं करेंगे; और बगैर हमारी मदद के आप एक कदम भी नहीं चल सकेंगे।

सम्भव है कि अपनी सत्ता के मद में हमारी इस बात को आप हँसी में उड़ा दें। आपका हँसना बेकार है, एसा आज शायद हम नहीं दिखा सकें। लेकिन अगर हममें कुछ दम होगा, तो आप देखेंगे कि आपका मद {गरूर, घमंड} बेकार है और आपका हँसना (विनाश-काल की) विपरीत {उलटी} बुद्धि की निशानी है।

हम मानते हैं कि आप स्वभाव से धार्मिक राष्ट्र की प्रजा हैं। हम तो धर्मस्थान में हीं बसे हुए हैं। आपका और हमारा कैसे साथ हुआ, इसमें उतरना फिजूल है। लेकिन अपने इस सम्बन्ध का हम दोनों अच्छा उपयोग कर सकते हैं।

आप हिन्दुस्तान में आनेवाले जो अंग्रेज़ हैं वे अंग्रेज़ प्रजा के सच्चे नमूने नहीं हैं; और हम जो आधे अंग्रेज़ जैसे बन गये हैं वे भी सच्ची हिन्दुस्तानी प्रजा के नमूने

नहीं कहे जा सकते। अंग्रेज़ प्रजा को अगर आपकी करतूतों के बारे में सब मालूम हो जाय, तो वह आपके कामों के ख़िलाफ हो जाय। हिन्द की प्रजा ने तो आपके साथ सम्बन्ध थोड़ा हीं रखा है। आप अपनी सभ्यता को, जो दरअसल बिगाड़ करनेवाली है, छोड़ कर अपने धर्म की छानबीन करेंगे, तो आपको लगेगा कि हमारी माँग ठीक है। इसी तरह आप हिन्दुस्तान में रह सकते हैं। अगर उस ढंग से आप यहाँ रहेंगे तो आपसे हमें जो थोड़ा सीखना है वह हम सीखेंगे और हमसे आपको जो बहुत सीखना है वह आप सीखेंगे। इस तरह हम (एक-दूसरे से) लाभ उठायेंगे और सारी दुनिया को लाभ पहुँचायेंगे। लेकिन यह तो तभी हो सकता है जब हमारे सम्बन्ध की जड़ धर्मक्षेत्र में जमे।

पाठक : राष्ट्र से आप क्या कहेंगे?

सम्पादक : राष्ट्र कौन?

पाठक : अभी तो आप जिस अर्थ में यह शब्द काम में लेते हैं उसी अर्थवाला राष्ट्र, यानी जो लोग यूरोप की सभ्यता में रंगे हुए हैं, जो स्वराज्य की आवाज़ उठा रहें हैं।

सम्पादक : इस राष्ट्र से मैं कहूँगा कि जिस हिन्दुस्तानी को (स्वराज्य की) सच्ची खुमारी यानी मस्ती चढ़ी होगी, वही अंग्रेज़ों से ऊपर की बात कह सकेगा और उनके रोब से नहीं दबेगा।

सच्ची मस्ती तो उसी को चढ़ सकतीं है, जो ज्ञानपूर्वक-समझबूझकर-यह मानता हो कि हिन्द की सभ्यता सबसे अच्छी है और यूरोप की सभ्यता चार दिन की चाँदनी है। वैसे सभ्यतायें तो आज तक कई हो गयीं और मिट्टी में मिल गयीं, आगे भी कई होंगी और मिट्टी में मिल जाएगीं।

सच्ची खुमारी उसी को हो सकतीं है, जो आत्मबल अनुभव करके शरीर-बल से नहीं दबेगा और निडर रहेगा तथा सपने में भी तोप-बल का उपयोग करने की बात नहीं सोचेगा।

सच्ची खुमारी उसी हिन्दुस्तानी को रहेगी, जो आज की लाचार हालत से बहुत ऊब गया होगा और जिसने पहले से हीं ज़हर का प्याला पी लिया होगा।

एसा हिन्दुस्तानी अगर एक हीं होगा, तो वह भी ऊपर की बात अंग्रेजों से कहेगा और अंग्रेज़ों को उसकी बात सुननी पड़ेगी।

ऊपर की माँग माँग नहीं है; वह हिन्दुस्तानियों के मन की दशा को बताती है। माँगने से कुछ नहीं मिलेगा; वह तो हमें ख़ुद लेना होगा। उसे लेने की हममें ताक़त होनी चाहिए। यह ताक़त उसीमें होगी :

1. जो अंग्रेज़ी भाषा का उपयोग लाचारी से हीं करेगा।

2. जो वकील होगा तो अपनी वकालत छोड़ देगा और ख़ुद घर में चरखा चलाकर कपड़े बुन लेगा।

3. जो वकील होने के कारण अपने ज्ञान का उपयोग सिर्फ़ लोगों को समझाने और लोगों की आँखें खोलने में करेगा।

4. जो वकील होकर वादी-प्रतिवादी-मुद्दई और मुद्दालेह-के झगड़ों में नहीं पड़ेगा, अदालतों को छोड़ देगा और अपने अनुभव से दूसरों को अदालते छोड़ने के लिए समझायेगा।

5. जो वकील होते हुए भी जैसे वकालत छोड़ेगा वैसे न्यायाधीशपन {जजी} भी छोड़ेगा।

6. जो डॉक्टर होते हुए भी अपना पेशा छोड़ेगा और समझेगा कि लोगों की चमड़ी चोंथने के बजाय बेहतर है कि उनकी आत्मा को छुआ जाय और उसके बारे में शोध-खोज करके उन्हें तन्दुरूस्त बनाया जाय।

7. जो डॉक्टर होने से समझेगा कि ख़ुद चाहे जिस धर्म का हो, लेकिन अंग्रेज़ी बैदकशालाओं-फार्मसियों-में जीवों पर जो निर्दयता की जाती है, वैसी निर्दयता से (बनी हुई दवाओं से शरीर को चंगा करने के बजाय बेहतर है कि शरीर रोगी रहें।

8. जो डॉक्टर होने पर भी ख़ुद चरखा चलायेगा और जो लोग बीमार होंगे उन्हें उनकी बीमारी का सही कारण बताकर उसे दूर करने के लिए कहेगा; निकम्मी दवाएँ देकर उन्हें गलत लाड़ नहीं लड़ायेगा। वह तो यही समझेगा कि निकम्मी दवाएँ न लेने से बीमार की देह अगर गिर भी जाय, तो उससे दुनिया अनाथ नहीं हो जाएगी, और यही मानेगा कि उसने बीमार पर सच्ची दया की है।

9. जो धनी होने पर भी धन की परवाह किये बिना अपने मन में होगा वही कहेगा और बड़े-से-बड़े सत्ताधीश की भी परवाह न करेगा।

10. जो धनी होने से अपना रूपया चरखे चालू करने में खरचेगा और ख़ुद सिर्फ़ स्वदेशी माल का इस्तेमाल करके दूसरों को भी एसा करने के लिए बढ़ावा देगा।

11. दूसरे हर हिन्दुस्तानी की तरह जो यह समझेगा कि यह समय पश्चात्ताप {अफ़सोस, पछतावा} का, प्रायश्चित्त {कफ्फ़ारा} का और शोक {मातम} का है।

12. जो दूसरे हर हिन्दुस्तानी की तरह यह समझेगा कि अंग्रेज़ों का कसूर निकालना बेकार है। हमारे कसूर की वजह से वे हिन्दुस्तान में आये, हमारे कसूर के कारण हीं वे यहाँ रहते हैं और हमारा कसूर दूर होगा तब वे यहाँ से चले जायेंगे या बदल जायेंगे।

13. दूसरे हिन्दुस्तानियों की तरह जो यह समझेगा कि मातम के वक़्त मौज-शौक नहीं हो सकते। जब तक हमें चैन नहीं है तब तक हमारा जेल में रहना या देश निकाला भोगना हीं ठीक है।

14. जो दूसरे हिन्दुस्तानियों की तरह यह समझेगा कि लोगों को समझाने के बहाने जेल में न जाने की खबरदारी रखना निरा मोह है।

15. जो दूसरे हिन्दुस्तानियों की तरह यह समझेगा कि कहने से करने का असर अद्भुत होता है; हम निडर होकर जो मन में है वही कहेंगे और इस तरह कहने का जो नतीजा आये उसे सहेंगे, तभी हम अपने कहने का असर दूसरों पर डाल सकेंगे।

16. जो दूसरे हिन्दुस्तानियों की तरह यह समझेगा कि हम दु:ख सहन करके हीं बंधन यानी ग़ुलामी से छूट सकेंगे।

17. जो दूसरे हिन्दुस्तानियों की तरह समझेगा कि अंग्रेज़ों की सभ्यता को बढ़ावा देकर हमने जो पाप किया है, उसे धो डालने के लिए अगर हमें मरने तक भी अंदमान में रहना पड़े, तो वह कुछ ज़्यादा नहीं होगा।

18. जो दूसरे हिन्दुस्तानियों की तरह समझेगा कि कोई भी राष्ट्र दु:ख सहन किये बिना ऊपर चढ़ा नहीं है। लड़ाई के मैदान में भी दु:ख हीं कसौटी होता है, न कि दूसरे को मारना। सत्याग्रह के बारे में भी एसा हीं है।

19. जो दूसरे हिन्दुस्तानियों की तरह समझेगा कि यह कहना कुछ न करने के लिए एक बहाना भर है कि 'जब सब लोग करेंगे तब हम भी करेंगे'। हमें ठीक लगता है इसलिए हम करें, जब दूसरों को ठीक लगेगा तब वे करेंगे-यही करने का सच्चा रास्ता है। अगर मैं स्वादिष्ट {जायकेदार} भोजन देखता हूँ, तो उसे खाने के लिए दूसरे की राह नहीं देखता। ऊपर कहे मुताबिक प्रयत्न {कोशिश} करना, दु:ख सहना यह स्वादिष्ट भोजन है। ऊबकर लाचारी से करना या दु:ख सहना निरा बेगार है।

पाठक : सब एसा कब करेंगे और कब उसका अन्त आयेगा?

सम्पादक : आप फिर भूलते हैं। सबकी न तो मुझे परवाह है, न आपको होनी चाहिए। 'आप अपना देख लीजिये, मैं अपना देख लूँगा'–यह स्वार्थ-वचन माना जाता है, लेकिन यह परमार्थ-वचन भी है। मैं अपना उजालूँगा–अपना भला करूँगा, तभी दूसरे का भला कर सकूंगा। अपना कर्तव्य {फ़र्ज़} मैं कर लूँ, इसी में काम की सारी सिद्धियाँ समाई हुई हैं।

आपको बिदा करने से पहले फिर एक बार मैं यह दोहराने की इजाजत चाहता हूँ कि:

1. अपने मन का राज्य स्वराज्य है।

2. उसकी कुन्जी सत्याग्रह, आत्मबल या करूणा-बल है।

3. उस बल को आजमाने के लिए स्वदेशी को पूरी तरह अपनाने की ज़रूरत है।

4. हम जो करना चाहते हैं वह अंग्रेज़ों के लिए (हमारे मन में) द्वेष है इसलिए या उन्हें सज़ा देने के लिए नहीं करें, बल्कि इसलिए करें कि एसा करना हमारा कर्तव्य है।

मतलब यह कि अंग्रेज़ अगर नमक-महसूल रद कर दें, लिया हुआ धन वापस कर दें, सब हिन्दुस्तानियों को बड़े बड़े ओहदे दे दें और अंग्रेज़ी लश्कर हटा लें, तो हम उनकी मिलों का कपड़ा पहनेंगे, या अंग्रेज़ी भाषा काम में लायेंगे, या उनकी हुनर-कला का उपयोग करेंगे सो बात नहीं है। हमें यह समझना चाहिए कि वह सब दरअसल नहीं करने जैसा है, इसलिए हम उसे नहीं करेंगे।

मैंने जो कुछ कहा है वह अंग्रेज़ों के लिए द्वेष होने के कारण नहीं, बल्कि उनकी सभ्यता के लिए द्वेष होने के कारण कहा है।

मुझे लगता है कि हमने स्वराज्य का नाम तो लिया, लेकिन उसका स्वरूप हम नहीं समझे हैं। मैंने उसे जैसा समझा है वैसा यहाँ बताने की कोशिश की है।

मेरा मन गवाही देता है कि एसा स्वराज्य पाने के लिए मेरा यह शरीर समर्पित {भेंट, नजर किया हुआ} है।

---

1. Be a Roman in Rome-रोम में रोमन बनकर रहो।

परिशिष्ट

कुछ प्रमाणभूत ग्रन्थ और प्रतिष्ठित व्यक्तियों की साक्षी

1. कुछ प्रमाणभूत ग्रन्थ

हिन्द स्वराज्य में प्रतिपादित विषय के अधिक अध्ययन के लिए सूचित पुस्तकें :

द किंगडम ऑफ़ गोड इज़ विदिन यू–टॉल्स्टॉय
व्होट इज़ आर्ट?–टॉल्स्टॉय
द स्लेवरी ऑफ़ अवर टाइम्स–टॉल्स्टॉय
द फर्स्ट स्टेप–टॉल्स्टॉय
हाउ शैल वी एस्केप?-टॉल्स्टॉय
लेटर टु ए हिन्दू–टॉल्स्टॉय
द व्हाइट स्लेव्ज़ ऑफ़ इंग्लैंड-शेरार्ड
सिविलाइज़ेशन, इट्स कोज़ एण्ड क्योर–कारपेन्टर
द फैलेसी ऑफ़ स्पीड–टेलर
ए न्यू क्रूसेड–ब्लाउण्ट
ओन ध ड्यूटी ओफ़ सिविल डिसओबीडिएन्स–थोरो
लाइफ विदाउट प्रिन्सीपल–थोरो
अन्टु दिस लास्ट–रस्किन
ए जॉय फोर एवर–रस्किन
ड्यूटीज़ ऑफ़ मैन–मैज़िनी
डिफेन्स एण्ड डैथ ओफ़ सोक्रेटीज़-प्लेटो
पैराडोक्सेज़ ऑफ़ सिविलाइज़ेशन–मैक्स नार्दयू
पावर्टी एण्ड अनब्रिटिश रूल इन इंडिया–नौरोजी
इकानामिक हिस्ट्री ऑफ़ इंडिया–दत्त विलेज कम्युनिटीज़–मेन

2. प्रतिष्ठित व्यक्तियों की साक्षी

श्री अल्फ्रेड वेब के मूल्यवान संग्रह से दिए जा रहें इन उद्धरणों से ज्ञात होगा कि भारत की प्राचीन सभ्यता को आधुनिक पाश्चात्य सभ्यता से कुछ भी नहीं सीखना है :

जे सीमोर के,

ब्रिटिश संसद सदस्य

यह लेखक भारत में बैंक-व्यवसायी रहा था (1883 में लिखित)

यह बात अच्छी तरह समझ लेनी चाहिए कि हमारी स्थिति भारत में जंगली जातियों के बीच सभ्यता का प्रकाश लेकर पहुँचे हुए सभ्य लोगों की कभी नहीं रही। हम जब भारत पहुँचे तो हमने देखा कि वहाँ उन लोगों के पास एक प्राचीन सभ्यता है जो पिछले हज़ारों सालों में वहाँ रहनेवाली अतिशय बुद्धिमान जातियों के चरित्र में घुल-मिल गई है और उनकी सारी ज़रूरतों को पूरा करती है। उनकी यह सभ्यता सतही नहीं है, वह सर्वस्पर्शी और सर्वव्यापी है–उसने उस देश को न केवल समाज के राजनीतिक जीवन के गठन की पद्धतियाँ दी हैं बल्कि सामाजिक और कौटुंबिक जीवन की अत्यन्त विविध और समृद्ध संस्थाएँ भी दी हैं। ये सारी संस्थाएँ कुल मिलाकर कितनी हितकारी हैं, यह बात हिन्दू जाति के चरित्र पर उनके प्रभाव को देखकर जानी जा सकतीं है। इस देश की जनता के चरित्र में उसकी सभ्यता का यह हितकारी प्रभाव जितना स्पष्ट है उतना किसी अन्य देश की जनता में शायद हीं मिले। वे व्यापार में चतुर हैं, विचार और विवेचन की गहराइयों में जानेवाली तीक्ष्ण बुद्धि रखते हैं, मितव्ययी, धर्म-परायण, संयमशील, उदार, माता-पिता की आज्ञा माननेवाले, वृद्धों को आदर देनेवाले, क़ानून का पालन करनेवाले, व्यवहार में मीठे, असहायों के प्रति दयालु और आपत्ति आ पड़ने पर उसे धीरज से सहन करनेवाले हैं।

विक्टर कज़िन

(1792-1867)

(दर्शन के क्षेत्र में एक-धारा विशेष का प्रवर्तक)

दूसरी ओर जब हम पूर्व के और ख़ास कर भारत के काव्य या दार्शनिक चिन्तन के आंदोलनों का, जिनका प्रभाव अब यूरोप में भी फैलता दिखाई दे रहा है, ध्यान से अध्ययन करते हैं तो हमें वहाँ इतने अधिक और इतने गहरे सत्यों का साक्षात्कार

होता है कि हम पूर्व की प्रतिभा के सामने घूँटने टेकने के लिए विवश हो जाते हैं और यह माने बिना नहीं रह सकते कि मनुष्य-जाति के पालने जैसी यह भूमि उच्चतम दार्शनिक चिन्तन की जन्मभूमि है। यूरोप की प्रतिभा जिन परिणामों तक पहुँचकर रुक गई है उनकी क्षुद्रता और पूर्व की प्रतिभा द्वारा प्रकाशित इन सत्यों के महदन्तर को देखकर सचमुच आश्चर्य होता है।

फ्रेडरिक मैक्समुलर

हमारा सारा पालन-पोषण यूनानियों, रोमनों और केवल एक हीं सामी जाति, अर्थात् यहूदियों की विचार-सम्पद् पर हुआ है। यदि मैं अपने-आपसे यह प्रश्न करूँ कि अपना आन्तरिक जीवन अधिक संपूर्ण, अधिक व्यापक, अधिक सर्वस्पर्शी या एसा कहें सही अर्थो में अधिक मानवतापूर्ण बनाने के लिए जिस वस्तु की आवश्यकता है वह हम यूरोपवासियों को कहाँ से मिल सकतीं है तो मैं फिर भारत का हीं नाम लूँगा।

फ्रेडरिक वोन श्लेगेल

इससे इनकार नहीं किया जा सकता कि पूर्वकालीन भारतीयों को ईश्वर का सच्चा ज्ञान था। उनकी रचनाएँ उदात्त, प्रांजल और भव्य भावों और उद्‌गारों से परिपूर्ण हैं। उनकी गहराई और उनमें प्रतिबिम्बित भक्ति की भावना विविध भाषाओं के साहित्य में प्राप्त ईश्वर परक रचनाओं की गहराई या भक्ति भावना से किसी भी प्रकार कम नहीं है। ... एसे राष्ट्रों में जिनके पास अपना दर्शन और तत्त्वज्ञान है और जो इन विषयों के प्रति स्वाभाविक रुचि रखते हैं-समय की दृष्टि से भारत का स्थान पहला है।

एबे जे. ए. दुबोड़

मैसूर में ईसाई धर्म-प्रचारक : यह उद्धरण 15 दिसम्बर, 1820 को श्रीरंगपट्टम से लिखि गई एक चिट्ठी से लिया गया है।

विवाहित स्त्रियाँ अपने घरों में अपने अधिकार का उपयोग परिवार के सदस्यों में शान्ति और व्यवस्था बनाएँ रखने में करती हैं; और उनमें से अधिकांश इस महत्त्वपूर्ण कर्तव्य को जिस विवेक और दूरदर्शिता से निबाहती हैं उसकी तुलना यूरोप में मुश्किल से हीं मिलेगी। बड़े-बड़े लड़के और बड़ी-बड़ी लड़कियाँ और उनके बच्चों से निर्मित, तीस-तीस, चालीस-चालीस व्यक्तियों के परिवारों को मैंने किसी बड़ी-बूढ़ी स्त्री, उन बड़े लड़के-लड़कियों की माँ या सास की अध्यक्षता में इकट्ठे रहते देखा है। मैंने देखा कि यह वृद्धा अपने व्यवस्था-कौशल से अपनी उन बहुओं

से उनके स्वभाव के अनुसार व्यवहार करके, परिस्थितियों के अनुसार कभी कठोर होकर और कभी क्षमा और उदारता दिखाकर बरसों तक प्रतिकूल स्वभाववाली उन सारी स्त्रियों में शान्ति और सौहार्द रखने में सफल होती है। मैं पूछता हूँ कि क्या यह चीज़ एसी परिस्थितियों में हम अपने देशों में सिद्ध करने की उम्मीद कर सकते हैं? हमारे देशों में तो हम इतना भी नहीं कर पाते कि एक हीं घर में रहनेवाली दो स्त्रियाँ आपस में मिल-जुलकर रहें।

किसी सभ्य देश में ईमानदारी से किए जाने योग्य जो भी कार्य होते हैं उनमें शायद हीं कोई एसा हो जिसमें हिन्दू स्त्रियाँ समुचित हिस्सा न लेती हों। घर-गृहस्थी की व्यवस्था और परिवार की सार-सँभाल के सिवा किसानों की पत्नियाँ और लड़कियाँ अपने पतियों और पिताओं को खेती-किसानी में मदद पहुँचाती हैं। व्यापार-धंधा करनेवालों की स्त्रियाँ उन्हें उनकी दूकान चलाने में मदद करती हैं। कितनी हीं स्त्रियाँ अपने बल पर दूकानें चलाती हैं; उन्हें अक्षर या अंकों का ज्ञान नहीं होता फिर भी वे अपना हिसाब-किताब दूसरी युक्तियों के द्वारा बहुत अच्छी तरह रखती हैं और व्यापारिक सौदे करने में वे पुरुषों से भी चतुर मानी जाती हैं।

जे. यंग

सेक्रेटरी, सेवोन मेकेनिक्स इंस्टिट्यूट

भारत में बसनेवाली ये जातियाँ नैतिक दृष्टि से दुनिया में शायद सबसे ज़्यादा विशिष्ट हैं। उनके व्यक्तित्व और स्वभाव से नैतिक पवित्रता टपकती मालूम होती है जिसकी हम सराहना किए बिना नहीं रह सकते। गरीब वर्गों के बारे में यह बात ख़ास तौरपर लागू होती है जो गरीबी से उत्पन्न अभावों के बावजूद सुखी और संतुष्ट दिखाई पड़ते हैं। वे प्रकृति के सच्चे बालक हैं और अपना जीवन कल की चिंता किए बिना और विधाता ने उन्हें रूखा-सूखा जो भी दे रखा है, उसके लिए उसका आभार मानते हुए, सन्तोष से बिताते हैं। स्त्री और पुरुष मज़दूरों को दिन-भर की कड़ी मज़दूरी के बाद, जो कभी-कभी तो सूर्योदय से सूर्यास्त तक चलती रहती है, शाम के समय घर वापस आते हुए देखिए तो आपको विस्मय होगा। लगातार कड़ी मेहनत करने के फलस्वरूप होनेवाली थकान के बावज़ूद वे लोग ज़्यादातर ख़ुश नज़र आते हैं, उनके हाथ-पाँवों में तब भी सजीवता होती है, आपस में उत्साहपूर्वक बातचीत करते होते हैं और बीच-बीच में किसी गीत की कड़ी गुँजा उठते हैं। किंतु जिन्हें वे अपना घर कहते हैं उन झोंपड़ों में पहुँचने के बाद उन्हें मिलता क्या है? भोजन

के नाम पर थोड़ा-सा चावल और सोने के लिए मिट्टी का फर्श। भारतीय घरों में पारिवारिक सौहार्द तो सामान्यत: मिलता हीं है। भारत में प्रचलित विवाह सम्बन्ध की रीति का ख़याल किया जाए तो वह कुछ अजीब-सी मालूम होती है क्योंकि विवाह सम्बन्ध जोड़ने का काम वहाँ माता-पिता करते हैं। अधिकतर घर-परिवार हर तरह से सुसंपन्न श्रेष्ठ वैवाहिक जीवन का उदाहरण प्रस्तुत करते हैं। इसका कारण शायद उनके शास्त्रों की शिक्षा और वैवाहिक कर्तव्यों के विषय में उनके महान आदेश हैं। लेकिन यह कहने में भी कोई अत्युक्ति नहीं कि पति सामान्यत: अपनी पत्नियों से गहरा प्रेम करते हैं और अधिकांश पत्नियाँ पति के प्रति अपने कर्तव्यों के बारे में बहुत ऊँचे आदर्श रखती हैं।

कर्नल टामस मनरो

(भारत में 32 वर्ष तक सरकारी नौकर)

खेती की अच्छी पद्धति, अद्वितीय वस्तु-निर्माण-कौशल, एसी सारी चीज़ें पैदा करने की क्षमता जिनसे सुविधाओं में या सुखोपभोग में वृद्धि होती हो, लिखना पढ़ना और गणित आदि सिखाने के लिए हर एक गाँव में पाठशालाएँ, अभ्यागत का स्वागत-सत्कार करने की सर्वसामान्य प्रथा और एक-दूसरे के प्रति प्रेम और सद्‌भाव का गुण और सबसे बढ़कर स्त्रीजाति के प्रति विश्वास, आदर और कोमलता का व्यवहार-यदि इन्हें किसी जाति के सभ्य होने का चिह्न माना जाए तो हिन्दू जाति यूरोप के किसी भी राष्ट्र से घटकर नहीं है; और यदि इन दोनों देशों के बीच सभ्यता का लेन-देन होता है तो मुझे निश्चय है कि इस देश से हम जो भी लेंगे उससे लाभ हीं होगा।

सर विलियम वेडरबर्न, बैरिस्टर

भारतीय गाँव इस प्रकार सदियों तक राजनीतिक अव्यवस्था की बाढ़ रोकने वाली दीवार और सादे, घरेलू और सामाजिक गुणों का धाम रहा है। इसलिए कोई आश्चर्य नहीं कि तत्ववेत्ताओं और इतिहास-लेखकों ने इस प्राचीन संस्था की हृदय से सराहना की है। ग्राम-संस्था स्वाभाविक सामाजिक इकाई और ग्राम-जीवन का श्रेष्ठ नमूना है : स्वयंपूर्ण, उद्योगशील, शान्ति-प्रेमी और शब्द के उत्तम अर्थ में प्राचीनता-प्रेमी। ... मेरा ख़याल है कि आप मुझसे इस बात में सहमत होंगे कि भारतीय गाँव के सामाजिक और घरेलू जीवन की इस झलक में एसा बहुत कुछ है जो सुहावना भी है और लुभावना भी। वह मनुष्य की जीवन पद्धति का एक निर्दोष और सुखी नमूना है। इसके सिवा, उसके व्यावहारिक परिणाम भी बहुत अच्छे रहें हैं।

अन्य प्रस्तावनाएँ

टिप्पण

हिंसा की विचारधारा को हमें साधारणतया प्रतीत होता है उससे अधिक अनुमोदन प्राप्य है। हिंसा के हिमायती दो वर्ग में विभाजित हैं। अल्प और अल्पतम होता एक समुदाय हिंसा में मानता है और उस पर आचरण करने को तत्पर होता है। दूसरा एक विशाल वर्ग हमेशा से रहा है जो हिंसा में आस्था तो रखता है, पर, हाल के आंदोलन की निष्फलता के कटु अनुभव के पश्चात्, उनकी यह आस्था आचरण में परिवर्तित नहीं होती। कार्यसिद्धि के लिए जबरदस्ती सिवा दूसरा मार्ग उनके पास नहीं होता। हिंसा के प्रति उनका दृढ़ इतबार उन्हें अन्य किसी काम करने से या भोग देने के रास्ते पर चलने से रोकता है। यह दोनों हीं बातें भारी आपत्तिपूर्ण हैं।

जब तक हम हिंसा के तमाम स्वरूपों को तिलांजलि नहीं दे देते और अहिंसक परिबलों को अपना चालकबल नहीं बनने देते तब तक अपनी यह मातृभूमि के नवनिर्माण की आशा मिथ्या है। हिंसाचार के नकार की आवश्यकता जितनी आज है इतनी पहले कभी न थी।

इस ध्येयसिद्धि के लिए गांधीजी के यह विख्यात पुस्तक का प्रकाशन और उसके विशाल प्रचार से बेहतर मार्ग और क्या हो सकता है?

इस पुस्तक के प्रकाशन की बिनती का सहर्ष स्वीकार कर गणेश एन्ड कम्पनी ने उच्च राष्ट्रभावना दिखाई है।

सत्याग्रह सभा,
मद्रास, 6-6-19
[अंग्रेज़ी से]

च. राजगोपालाचार
[हिन्द में पहला अंग्रेज़ी संस्करण,
मद्रास : गणेश एन्ड कम्पनी, 1919]

उपोद्घात

लोर्ड लोधियन जब सेवाग्राम आये थे तब उन्होंने मुझसे हिन्द स्वराज्य की नकल मांगी थी। उन्होंने कहा था : 'गांधीजी आजकल जो कुछ भी कह रहें हैं वह इस छोटी सी किताब में बीज के रूप में है, और गांधीजी को ठीक से समझने के लिए यह किताब बार-बार पढ़नी चाहिए।'

अचरज की बात यह है कि उसी अरसे में श्रीमती सोफिया वाड़िया ने हिन्द स्वराज्य के बारे में एक लेख लिखा था, जिसमें उन्होंने हमारे सब मन्त्रीयों से, धारासभा के सदस्यों से, गोरे और भारतीय सिविलियनों से, इतना हीं नहीं, आज के लोक-शासन के अहिंसक प्रयोग की सफलता चाहनेवाले हर एक नागरिक से यह किताब बार-बार पढ़ने की सिफ़ारिश की थी। उन्होंने लिखा था :

> अहिंसक आदमी अपने हीं घर में तानाशाही कैसे चला सकता है? वह शराब कैसे बेच सकता है? अगर वह वकील हो तो अपने मुवक्किल को अदालत में जाकर लड़ने की सलाह कैसे दे सकता है? इन सारे सवालों का जवाब देते समय बहुत हीं महत्त्व के राजनीतिक सवालों का विचार करना ज़रूरी हो जाता है। हिन्द स्वराज्य में इन प्रश्नों की सिद्धान्त की दृष्टि से चर्चा की गई है। इसलिए वह पुस्तक लोगों में ज़्यादा पढ़ी जानी चाहिए और उसमें जो कहा गया है उसके बारे में लोकमत तैयार करना चाहिए।

श्रीमती वाड़िया की बिनती ठीक वक़्त पर की गई है। 1909 में गांधीजी ने विलायत से लौटते हुए जहाज़ पर यह पुस्तक लिखी थी। हिंसक साधनों में विश्वास रखनेवाले कुछ भारतीयों के साथ जो चर्चाएं हुई थीं, उन पर से उन्होंने मूल पुस्तक गुजराती में लिखी थी और इण्डियन ओपीनियन नामक साप्ताहिक में सिलसिलेवार लेखों में उसे प्रगट किया गया था। बाद में उसे पुस्तक के रूप में प्रगट किया गया और बम्बई सरकार ने उसे जब्त किया। गांधीजी ने मि. कैलनबैक के लिए उस किताब का अंग्रेज़ी में जो अनुवाद किया था, उसे बम्बई सरकार के हुक्म के जवाब के रूप में प्रकाशित किया गया। गोखले जी १९१२ में जब दक्षिण अफ्रीका गये

तब उन्होंने वह अनुवाद देखा। उन्हें उसका मजमून इतना अनगढ़ लगा और उसके विचार एसे जल्दबाज़ी में बने हुए लगे कि उन्होंने भविष्यवाणी की कि गांधीजी एक साल भारत में रहने के बाद ख़ुद हीं उस पुस्तक का नाश कर देंगे। गोखलेजी की वह भविष्यवाणी सच नहीं निकली। १९२१ में गांधीजी ने उस पुस्तक के बारे में लिखते हुए कहा था :

> वह द्वेषधर्म की जगह प्रेमधर्म सिखाती है; हिंसा की जगह आत्मबलिदान को रखती है; पशुबल से टक्कर लेने के लिए आत्मबल को खड़ा करती है। उसमें से मैंने सिर्फ़ एक हीं शब्द-और वह एक महिला मित्र की इच्छा को मान कर रद किया है। उसे छोड़कर कुछ भी फेरबदल नहीं किया है। इस किताब में आधुनिक {आज की} सभ्यता की सख़्त टीका की गई है। यह १९०९ में लिखी गई थी। इसमें मैंने जो मान्यता प्रगट की है, वह आज पहले से ज़्यादा मज़बूत बनी है।... लेकिन मैं पाठकों को एक चेतावनी देना चाहता हूँ। वे एसा न मान लें कि इस किताब में जिस स्वराज्य की तसवीर मैंने खड़ी की है, वैसा स्वराज्य कायम करने के लिए आज मेरी कोशिशें चल रही हैं, मैं जानता हूँ कि अभी हिन्दुस्तान उसके लिए तैयार नहीं है। एसा कहने में शायद ढिठाई का भास हो, लेकिन मुझे तो पक्का विश्वास है। उसमें जिस स्वराज्य की तसवीर मैंने खींची है, वैसा स्वराज्य पाने की मेरी निजी कोशिश ज़रूर चल रही है। लेकिन इसमें कोई शक नहीं कि आज की मेरी सामूहिक {आम} प्रवृत्ति का ध्येय तो हिन्दुस्तान की प्रजा की इच्छा के मुताबिक पार्लियामेन्टरी ढंग का स्वराज्य पाना है।

1938 में भी गांधीजी को कुछ जगहों पर भाषा बदलने के सिवा और कुछ फेरबदल करने जैसा नहीं लगा। इसलिए यह किताब किसी भी प्रकार की काट-छांट के बिना मूल रूप में हीं फिर से प्रकाशित की जाती है।

लेकिन इसमें बताये हुए स्वराज्य के लिए हिन्दुस्तान तैयार हो या न हो, हिन्दुस्तानियों के लिए यही उत्तम {सबसे अच्छा} है कि वे इस बीजरूप ग्रन्थ का अध्ययन करें। सत्य और अहिंसा के सिद्धान्तों के स्वीकार से अन्त में क्या नतीजा आयेगा, उसकी तसवीर इसमें है। इसे पढ़कर उन सिद्धान्तों को स्वीकार करना चाहिए या उनका त्याग, यह तो पाठक हीं तय करें।

वर्धा, 2-2-'38 **महादेव हरिभाई देसाई**

[अंग्रेज़ी के गुजराती अनुवाद से]

[नवजीवन द्वारा पहला अंग्रेज़ी संस्करण, अहमदाबाद, 1938]

संदेश : आर्यन पाथ को

जिन सिद्धांतों के पक्षपोषण {ताईद} के लिए हिन्द स्वराज लिखा गया,[1] आप उनका प्रचार कर रहें हैं, यह मेरे लिए बड़ी ख़ुशी की बात है। अंग्रेज़ी संस्करण {एडिशन} मूल गुजराती पुस्तक का अनुवाद है। अगर इसे फिर से लिखना पड़े तो हो सकता है, इसकी भाषा में मैं जहाँ-तहाँ कुछ परिवर्तन करूँ। लेकिन तब से मेरे जीवन के जो तीस कर्म-संकुल वर्ष बीते हैं, उनमें मेरे देखने में एसा कुछ नहीं आया जिसके आधार पर मैं इस पुस्तिका में प्रतिपादित विचारों में कोई परिवर्तन करूँ। पाठक यह याद रखें कि इसमें कुछ कार्यकर्ताओं के साथ-जिनमें से एक तो पक्का विप्लववादी {एनार्किस्ट} था-मेरी जो बातचीत हुई, उसको हीं ईमानदारी के साथ लिपिबद्ध किया गया है। उन्हें यह भी याद रखना चाहिए कि दक्षिण अफ्रीका में रहनेवाले भारतीयों के जीवन में जो एक सड़ाँघ आ जाने का ख़तरा पैदा हो गया था, उसे भी इस पुस्तक ने रोक दिया। और पाठक चाहें तो इस राय के मुकाबले दूसरे पलड़े पर मेरे एक प्रिय मित्र की (अफसोस कि अब वे हमारे बीच नहीं रहें) इस राय को रख सकते हैं कि यह तो एक मूर्ख व्यक्ति की कृति है।[2]

सेगाँव **मो. क. गांधी**

जुलाई 14, 1938

[अंग्रेज़ी के गुजराती अनुवाद से]

[दूसरी संवर्धित अंग्रेज़ी आवृत्ति, नवजीवन, अहमदाबाद, 1939]

---

1. हिन्द स्वराज पर सितम्बर में आर्यन पाथ का एक विशेषांक निकला था। उसमें फ्रैड्रिक सोडी, जी डी एच कोल, सी डेलिसल बर्न्स, जोन मिडिलटन मरी, ह्यूग आइ' आनसन फोसेट, गेराल्ड हर्ड और इरेन रॅथबोन जैसे पाश्चात्य विचारकों के लेख थे। यद्यपि उनमें से कोई भी हिन्द स्वराज में प्रतिपादित मत से पूर्णतया सहमत नहीं था, फिर भी सभी ने उस कृति को अत्यन्त महत्त्वपूर्ण माना था।
2. देखिए 'उपोद्घात' पृ. १२३

नई आवृत्ति की प्रस्तावना

[*हिन्द स्वराज्य* की यह जो नई आवृत्ति प्रकाशित होती है, उसके दीबाचे के तौर पर *आर्यन पाथ* मासिक के *हिन्द स्वराज्य अंक* की जो समालोचना मैंने *हरिजन* में अंग्रेज़ी में लिखी थी, उसका तरजुमा देना यहाँ नामुनासिब नहीं होगा। यह सही है

कि *हिन्द स्वराज्य* की पहली आवृत्ति में गांधीजी के जो विचार दिखाये गये हैं, उनमें कोई फेरबदल नहीं हुआ है। लेकिन उनका उत्तरोत्तर {लगातार} विकास {खिलना} तो हुआ हीं है। मेरे नीचे दिये हुए लेख में उस विकास के बारे में कुछ चर्चा की गई है। उम्मीद है कि उससे गांधीजी के विचारों को ज़्यादा साफ़ समझने में मदद होगी।

वर्धा, 11-12-1938 **-म. ह. दे.]**

महत्त्व का प्रकाशन

आर्यन पाथ मासिक ने अभी अभी *हिन्द स्वराज्य* अंक प्रकाशित किया है। जिस तरफ एसा अंक {नंबर} निकालने का विचार अनोखा है, उसी तरह उसका रूप-रंग भी बढ़िया है। इसका प्रकाशन श्रीमती सोफिया वाड़िया के भक्तिभाव-भरे श्रम का आभारी है। उन्होंने हिन्द स्वराज्य की नकलें परदेश में अपने अनेक मित्रों को भेजी थीं और उनमें जो मुख्य थे उन्हें उस पुस्तक के बारे में अपने विचार लिख भेजने के लिए कहा था। ख़ुद श्रीमती वाड़िया ने तो उस पुस्तक के बारे में लेख लिखे हीं थे और ये विचार ज़ाहिर किये थे कि उसमें भारतवर्ष के उजले भविष्य की आशा रही है। लेकिन उस पुस्तक में यूरोप की अंधाधुंधी को भी मिटाने की शक्ति है, एसा यूरोप के विचारकों और लेखक-लेखिकाओं से उन्हें कहलाना था। इसलिए उन्होंने यह योजना {तरकीब} निकाली। उसका नतीजा अच्छा आया है। इस ख़ास अंक में अध्यापक सोडी, कोल, डिलाइल बर्न्स, मिडलटन मरी, बेरेसफर्ड, ह्यू फोसेट, क्लोड हूटन, जिराल्ड हर्ड, कुमारी रैथबोन वगैरा अनेक नामी लेखक-लेखिकाओं के लेख छपे हैं। उनमें से कुछ तो शान्तिवादी और समाजवादी के तौर पर मशहूर हैं। लेकिन जिनके विचार शान्तिवाद और समाजवाद के ख़िलाफ हैं, एसे लोगों के लेख भी इस अंक में आये होते तो अंक कैसा होता ! जो लेख दिये गये हैं उनकी व्यवस्था इस तरह की गई है कि 'शुरू के लेखों में जो आलोचनायें और उज्र आये हैं, उनमें से बहुतों के जवाब बाद के लेखों में आ जाते हैं।' लेकिन दो-एक टीकायें लगभग सब लेखकों ने की हैं, इसलिए पहले उनका विचार करना ठीक होगा। कुछ बातें एसी कही गई हैं, जिन्हें तुरन्त स्वीकार कर लेना चाहिए। अध्यापक सोडी ने लिखा है कि वे हाल में हीं हिन्दुस्तान आये थे और यहाँ उन्होंने एसा कुछ भी नहीं देखा जिसे ऊपर-ऊपर से देखने पर एसा लगे कि हिन्द स्वराज्य में बताये हुए सिद्धान्तों {उसूलों} को कुछ ज़्यादा सफलता मिली है। यह बिल्कुल सच बात है। एसी हीं

सही बात मि. कोल ने कही है कि गांधीजी की 'सिर्फ़ अकेले की बात सोचनी हो तो वे एसे स्वराज्य के नजदीक इनसान जितना पहुँच सकता है उतना पहुँच हीं चुके हैं। लेकिन उसके अलावा एक और सवाल रहता है; वह यह कि इनसान इनसान के बीच जो खाई है, ख़ुद अकेले अमुक आचरण करना और दूसरों को उनकी बुद्धि के मुताबिक आचरण करने में मदद करना-इन दोनों के बीच जो अन्तर है उसे कैसे पाटा जाय? इस दूसरी चीज़ के लिए तो औरों के साथ रह कर, उनमें से एक बन कर, उनके साथ तादात्म्य–एकता साध कर मनुष्य को आचरण करना पड़ता है; एक हीं समय में अपना असली रूप और दूसरे का धारण किया हुआ रूप यानी व्यक्तित्व (जिसे ख़ुद जाँच सके, जिसकी टीका-टिप्पणी कर सके और जिसकी कीमत आंक सके), एसे दो तरह के बरताव रखने पड़ते हैं। गांधीजी ने अपने आचरण की साधना को आख़िरी हद तक पहुँचाया ज़रूर है, लेकिन इस दूसरे सवाल को, ख़ुद को सन्तोष हो इस तरह, वे हल नहीं कर पाये हैं।' फिर जोन मिडलटन मरी कहते हैं वह भी सही है कि 'अहिंसा को अगर सिर्फ़ राजनीतिक {सियासी} दबाव के एक साधन के तौर पर इस्तेमाल किया जाय, तो उसकी शक्ति जल्दी खतम होती है।' और फिर सवाल यह उठता है कि 'एसी अहिंसा को क्या सच्ची अहिंसा कहा जा सकता है?'

लेकिन यह सारी क्रिया लगातार विकास की क्रिया है। उस साध्य {मक़सद} की सिद्धि के लिए कोशिश करते करते मनुष्य साधन {जरिया} की सम्पूर्णता के लिए भी कोशिश करता रहता है। सैकड़ों बरस पहले बुद्ध और ईसा मसीह ने अहिंसा और प्रेम के सिद्धान्त का उपदेश किया था। इन सैकड़ों बरसों में इक्केदुक्के व्यक्तियों ने छोटे-छोटे और सीमित {महदूद} प्रश्नों में उसका प्रयोग किया है। गांधीजी के बारे में एक बात स्वीकार हो चुकी है, जिसका जिक्र करते हुए इस लेख संग्रह {मजमुआ} में ज़िराल्ड हर्ड ने कहा है कि 'गांधीजी के प्रयोग में सारे जगत को दिलचस्पी है, और उसका महत्त्व {अहमियत} युगों तक कायम रहेगा। इसका कारण यह है कि उन्होंने समूह को लेकर या राष्ट्रीय पैमाने पर उसका प्रयोग करने की कोशिश की है।' उस प्रयोग की कठिनाइयाँ तो साफ़ हैं, लेकिन गांधीजी को भरोसा है कि इन मुसीबतों को पार करना नामुमकिन नहीं है। हिन्दुस्तान में 1921 में वह प्रयोग नामुमकिन मालूम हुआ और उसे छोड़ देना पड़ा। लेकिन जो बात उस समय नामुमकिन थी, वह 1930 में मुमकिन हुई। अब भी बहुत बार यह सवाल उठता है कि 'अहिंसक साधन का अर्थ क्या है?' उस शब्द का सब को मन्जूर हो एसा अर्थ और उसकी मर्यादा {हद} तय करने और उसे चालू करने से पहले अहिंसा का लम्बे अरसे तक प्रयोग और आचरण {अमल} करने की ज़रूरत है। पश्चिम के विचारक अकसर भूल जाते हैं

कि अहिंसा के आचरण में सब से ज़रूरी और न टाली जा सकने वाली चीज़ प्रेम है; और शुद्ध निःस्वार्थ प्रेम मन की और शरीर की बेदाग-निष्कलंक शुद्धि के बिना सम्भव नहीं है और प्राप्त नहीं किया जा सकता।

हिन्द स्वराज्य की प्रशंसा भरी समालोचना में सब लेखकों ने एक बात का जिक्र किया है : वह है गांधीजी का यन्त्रों के बारे में विरोध।

समालोचक इस विरोध को नामुनासिब और अकारण {बिलावजह} मानते हैं। मिडलटन मरी कहते हैं : 'गांधीजी अपने विचारों के जोश में यह भूल जाते हैं कि जो चरखा उन्हें बहुत प्यारा है, वह भी एक यन्त्र हीं है और कुदरत की नहीं लेकिन इनसान की बनायी हुई एक अक़ुदरती-कृत्रिम चीज़ है। उनके उसूल के मुताबिक तो उसका भी नाश करना होगा।' डिलाइल बर्न्स कहते हैं : 'यह तो बुनियादी विचार-दोष है। उसमें छिपे रूप से यह बात सूचित की गई है कि जिस किसी चीज़ का बुरा उपयोग हो सकता है, उसे हमें नैतिक दृष्टि से हीन मानना चाहिए। लेकिन चरखा भी तो एक यन्त्र हीं है। और नाक पर लगाया हुआ चश्मा भी आंख की मदद करने को लगाया हुआ यन्त्र हीं है। हल भी यन्त्र है। और पानी खींचने के पुराने से पुराने यन्त्र भी शायद मानव-जीवन को सुधारने की मनुष्य की हज़ारों बरस की लगातार कोशिश के आख़िरी फल होंगे।... किसी भी यन्त्र का बुरा उपयोग होने की सम्भावना रहती है। लेकिन अगर एसा हो तो उसमें रही हुई नैतिक हीनता यन्त्र की नहीं, लेकिन उसका उपयोग करने वाले मनुष्य की है।'

मुझे इतना तो कबूल करना चाहिए कि गांधीजी ने 'अपने विचारों के जोश में' यन्त्रों के बारे में अनगढ़ भाषा इस्तेमाल की है और आज अगर वे इस पुस्तक को फिर से सुधारने बैठें तो उस भाषा को वे ख़ुद बदल देंगे। क्यों कि मुझे यकीन है कि मैंने ऊपर समालोचकों के जो कथन दिये हैं उनका गांधीजी स्वीकार करेंगे; और जो नैतिक गुण यन्त्र का इस्तेमाल करने वाले में रहें हैं, उन गुणों को उन्होंने यन्त्र के गुण कभी नहीं माना। मिसाल के तौर पर 1924 में उन्होंने जो भाषा इस्तेमाल की थी वह ऊपर दिये हुए दो कथनों की याद दिलाती है। उस साल दिल्ली में गांधीजी का एक भाई के साथ जो सम्वाद {बातचीत} हुआ था, वह मैं नीचे देता हूँ :

'क्या आप तमाम यन्त्रों के ख़िलाफ़ हैं?' रामचन्द्रन् ने सरल भाव से पूछा।

गांधीजी ने मुस्कराते हुए कहा : वैसा मैं कैसे हो सकता हूँ, जब मैं जानता हूँ कि यह शरीर भी एक बहुत नाजुक यन्त्र हीं है? ख़ुद चरखा भी एक यन्त्र हीं है, छोटी दांत-कुरेदनी {खरका} भी यन्त्र है। मेरा विरोध यन्त्रों के लिए नहीं है, बल्कि यन्त्रों के पीछे जो पागलपन चल रहा है, उसके लिए है। आज तो जिन्हें मेहनत बचाने

वाले यन्त्र कहते हैं, उनके पीछे लोग पागल हो गये हैं। उनसे मेहनत ज़रूर बचती है, लेकिन लाखों लोग बेकार होकर भूखों मरते हुए रास्तों पर भटकते हैं। समय और श्रम की बचत तो मैं भी चाहता हूँ, परन्तु वह किसी ख़ास वर्ग की नहीं, बल्कि सारी मानव-जाति की होनी चाहिए। कुछ गिने-गिनाये लोगों के पास संपत्ति जमा हो एसा नहीं, बल्कि सब के पास जमा हो एसा मैं चाहता हूँ। आज तो करोड़ों की गरदन पर कुछ लोगों के सवार हो जाने में यन्त्र मददगार हो रहें हैं। यन्त्रों के उपयोग के पीछे जो प्रेरक कारण है वह श्रम की बचत नहीं है, बल्कि धन का लोभ है। आज की इस चालू अर्थ-व्यवस्था के ख़िलाफ मैं अपनी तमाम ताक़त लगा कर युद्ध चला रहा हूँ।'

रामचन्द्रन् ने आतुरता से पूछा : "तब तो, बापूजी, आप का झगड़ा यन्त्रों के ख़िलाफ नहीं, बल्कि आज यन्त्रों का जो बुरा उपयोग हो रहा हे उसके ख़िलाफ है?'

'ज़रा भी आनाकानी किये बिना मैं कहता हूँ कि 'हां'। लेकिन मैं इतना जोड़ना चाहता हूँ कि सबसे पहले यन्त्रों की खोज और विज्ञान लोभ के साधन नहीं रहने चाहिए। फिर मजदूरों से उनकी ताक़त से ज़्यादा काम नहीं लिया जाएगा, और यन्त्र रूकावट बनने के बजाय मददगार हो जायेंगे। मेरा उद्‌देश्य {मक़सद} तमाम यन्त्रों का नाश करने का नहीं है, बल्कि उनकी हद बाँधने का है।'

रामचन्द्रन् ने कहा : 'इस दलील को आगे बढ़ाये तो उसका मतलब यह होता है कि भौतिक {दुनियावी} शक्ति से चलने वाले और भारी पेचीदा तमाम यन्त्रों का त्याग करना चाहिए।'

गांधीजी ने मन्जूर करते हुए कहा : त्याग करना भी पड़े। लेकिन एक बात मैं साफ़ करना चाहूँगा। हम जो कुछ करें उसमें मुख्य विचार इनसान के भले का होना चाहिए। एसे यन्त्र नहीं होने चाहिए जो काम न रहने के कारण आदमी के अंगों को जड़ और बेकार बना दें। इसलिए यन्त्रों को मुझे परखना होगा। जैसे, सिंगर की सीने की मशीन का मैं स्वागत करूँगा। आज की सब खोजों में जो बहुत काम की थोड़ी खोजें हैं, उनमें से एक यह सीने की मशीन है। उसकी खोज के पीछे अद्‌भुत इतिहास है। सिंगर ने अपनी पत्नी को सीने और बखिया लगाने का उकताने वाला काम करते देखा। पत्नी के प्रति रहें उसके प्रेम ने गैर-ज़रूरी मेहनत से उसे बचाने के लिए सिंगर को एसी मशीन बनाने की प्रेरणा की। एसी खोज करके उसने न सिर्फ़ अपनी पत्नी का हीं श्रम बचाया, बल्कि जो भी एसी सीने की मशीन खरीद सकते हैं उन सब को हाथ से सीने के उबाने वाले श्रम से छुड़ाया है

रामचन्द्रन् ने कहा : 'लेकिन सिंगर की सीने की मशीनें बनाने के लिए तो बड़ा कारखाना चाहिए और उसमें भौतिक शक्ति से चलने वाले यन्त्रों का उपयोग करना हीं पड़ेगा।'

रामचन्द्रन् के इस विरोध में सिर्फ़ ज़्यादा जानने की इच्छा हीं थी। गांधीजी ने मुस्कराते हुए कहा : ‘हां, लेकिन मैं इतना कहने की हद तक समाजवादी तो हूँ हीं कि एसे कारखानों का मालिक राष्ट्र हो या जनता की सरकार की ओर से एसे कारखाने चलाये जायें। उनकी हस्ती नफे के लिए नहीं बल्कि लोगों के भले के लिए हो। लोभ की जगह प्रेम को कायम करने का उसका उद्देश्य हो। मैं तो यह चाहता हूँ कि मज़दूरों की हालत में कुछ सुधार हो। धन के पीछे आज जो पागल दौड़ चल रही है वह रूकनी चाहिए। मज़दूरों को सिर्फ़ अच्छी रोजी मिले, इतना हीं बस नहीं है। उनसे हो सके एसा काम उन्हें रोज मिलना चाहिए। एसी हालत में यन्त्र जितना सरकार को या उसके मालिक को लाभ पहुँचायेगा, उतना हीं लाभ उसके चलाने वाले मज़दूर को पहुँचायेगा। मेरी कल्पना में यन्त्रों के बारे में जो कुछ अपवाद हैं, उनमें से एक यह है। सिंगर मशीन के पीछे प्रेम था, इसलिए मानव-सुख का विचार मुख्य {ख़ास} था। उस यन्त्र का उद्देश्य है मानव श्रम की बचत। उसका इस्तेमाल करने के पीछे मक़सद धन के लोभ का नहीं होना चाहिए, बल्कि प्रामाणिक रीति {ईमानदारी} से दया का होना चाहिए। मसलन, टेढ़े तकुवे को सीधा बनाने वाले यन्त्र का मैं बहुत स्वागत करूँगा। लेकिन लुहारों का तकुवे बनाने का काम हीं खतम हो जाय, यह मेरा उद्देश्य नहीं हो सकता। जब तकुवा टेढ़ा हो जाय तब हर एक कातने वाले के पास तकुवा सीधा कर लेने के लिए यन्त्र हो, इतना हीं मैं चाहता हूँ। इसलिए लोभ की जगह हम प्रेम को दें। तब फिर सब अच्छा हीं अच्छा होगा।'

मुझे नहीं लगता कि ऊपर के सम्वाद में गांधीजी ने जो कहा है, उसके बारे में इन आलोचकों में से किसी का सिद्धान्त {उसूल} की दृष्टि से विरोध हो। देह की तरह यन्त्र भी, अगर वह आत्मा के विकास में मदद करता हो तो, और जितनी हद तक मदद करता हो उतनी हद तक हीं, उपयोगी है।

पश्चिम की सभ्यता के बारे में भी एसा हीं है। ‘पश्चिम की सभ्यता मनुष्य की आत्मा की महाशत्रु है’-इस कथन का विरोध करते हुए मि. कोल लिखते हैं : ‘मैं कहता हूँ कि स्पेन और एबिसीनिया के भयंकर संहार {कत्ल}, हमारे सिर पर हमेशा लटकने वाला भय, सब तरह की रिद्धि-सिद्धि पैदा करने की शक्ति मौजूद होने पर भी करोड़ों का दारिद्र्य, ये सब पश्चिम की सभ्यता के दूषण हैं, गम्भीर दूषण {ख़राबिया} हैं। लेकिन वे क़ुदरती नहीं हैं, सभ्यता की जड़ नहीं हैं।... मैं यह नहीं कहता कि हम अपनी इस सभ्यता को सुधारेंगे; लेकिन वह सुधर हीं नहीं सकतीं, एसा मैं नहीं मानता। जो चीज़ें मानव की आत्मा के लिए ज़रूरी हैं, उनके साफ़

इनकार पर उस सभ्यता की रचना हुई है एसा मैं नहीं मानता !' बिल्कुल सही बात है। और गांधीजी ने उस सभ्यता के जो दूषण बताये वे क़ुदरती नहीं थे, बल्कि उस सभ्यता की प्रवृत्तियों में रहें हुए दूषण थे; और इस पुस्तक में गांधीजी का मक़सद भारतीय सभ्यता की प्रवृत्तियाँ पश्चिम की सभ्यता की प्रवृत्तियों से कितनी भिन्न हैं यही दिखाने का था। पश्चिम की सभ्यता को सुधारना नामुमकिन नहीं है, मि. कोल की इस बात से गांधीजी पूरी तरह सहमत {हम राय} होंगे; उनको यह भी मन्जूर होगा कि पश्चिम को पश्चिम के ढंग का हीं स्वराज्य चाहिए; वे आसानी से यह भी स्वीकार करेंगे कि वह स्वराज्य गांधी जैसे आत्म-निग्रह {ख़ुद पर काबू रखनेवाले} वाले पुरूषों के विचार के अनुसार तो होगा, लेकिन वे पुरूष हमारे पश्चिम के ढंग के होंगे; और वह ढंग गांधी या हिन्दुस्तान का नहीं, पश्चिम का अपना निराला हीं ढंग होगा।'

सिद्धान्त की मर्यादा

अध्यापक कोल ने नीचे की उलझन सामने रखी है :

> जब जर्मन और इटालियन विमानी स्पेन की प्रजा का संहार कर रहें हों, जब जापान के विमानी चीन के शहरों में हज़ारों लोगों को कत्ल कर रहें हों, जब जर्मन सेनाएँ आस्ट्रिया में घुस चुकी हों और चेकोस्लोवाकिया में घुस जाने की धमकियाँ दे रही हों, जब एबिसीनिया पर बम बरसाकर उसे जीत लिया गया हो, तब आज के एसे समय में क्या यह (अहिंसा का) सिद्धान्त टिक सकेगा? दो-एक बरस पहले मैं तमाम संजोगों में युद्ध का और मृत्युकारी हिंसा का विरोध करता था। लेकिन आज, युद्ध के बारे में मेरे दिल में नापसन्दगी और नफ़रत होने पर भी इन कत्लेआमों हत्याकांडों को रोकने के लिए मैं युद्ध का ख़तरा ज़रूर उठाऊँगा।

उनके मन में एक-दूसरे के विरोधी ये विचार कैसा सख़्त संघर्ष मचा रहें हैं, यह नीचे की सतरों से ज़ाहिर होता है। वे कहते हैं:

> मैं युद्ध का ख़तरा ज़रूर उठाऊँगा, परन्तु अभी भी मेरा वह दूसरा व्यक्तित्व {शख़्सियत} इनसान की हत्या करने के विचार से घबराकर, चोट खाकर पीछे हटता है। मैं ख़ुद तो दूसरे की जान लेने के बजाय अपनी जान देना ज़्यादा पसन्द करूँगा। लेकिन अमुक संजोगों में ख़ुद मर-मिटने के बजाय दूसरे की जान लेने की कोशिश करना कया मेरा फ़र्ज़ नहीं होगा? गांधी शायद जवाब देंगे कि जिसने व्यक्तिगत {अपना} स्वराज्य पाया है, उसके सामने एसा धर्मसंकट

{पसोपेश, दुविधा} पैदा हीं नहीं होगा। एसा व्यक्तिगत स्वराज्य मैंने पाया है, यह मेरा दावा नहीं है। लेकिन ख़याल कीजिये कि मैंने एसा स्वराज्य पा लिया है, तो भी उससे पश्चिम यूरोप में आज के समय मेरे लिए यह सवाल कुछ कम जोरदार हो जायेगा एसा मुझे विश्वास नहीं होता।

मि. कोल ने जो संजोग बताये हैं, वे मनुष्य की श्रद्धा {अक़ीदा} की कसौटी ज़रूर करते हैं। लेकिन इसका जवाब गांधीजी अनेक बार दे चुके हैं, हालांकि उन्होंने अपना व्यक्तिगत स्वराज्य पूरी तरह पाया नहीं है; क्योंकि जब तक दूसरे देशबन्धुओं ने स्वराज्य नहीं पाया है, तब तक वे अपने पाये हुए स्वराज्य को अधूरा हीं मानते हैं। लेकिन वे श्रद्धा के साथ जीते हैं और अहिंसा के बारे में उनकी जो श्रद्धा है वह इटली या जापान के किये हुए कत्लेआमों की बात सुनते हीं डगमगाने नहीं लगती। क्योंकि हिंसा में से हिंसा के हीं नतीजे पैदा होते हैं; और एक बार उस रास्ते पर जा पहुँचे कि फिर उसका कोई अन्त हीं नहीं आता। 'चीन का पक्ष लेकर आपको लड़ना चाहिए' एसा कहने वाले एक चीनी मित्र को जवाब देते हुए वार रेजिस्टर नामक पत्र में फिलिप ममफर्ड ने लिखा है :

> आपकी शत्रु तो जापान की सरकार है; जापान के किसान और सैनिक आपके दुश्मन नहीं हैं। उन अभागे और अनपढ़ लोगों को तो मालूम भी नहीं कि उन्हें क्यों लड़ने का हुक्म किया जाता है। फिर भी, अगर आप अपने देश के बचाव के लिए मौजूदा लश्करी तरीकों का उपयोग करेंगे, तो आपको इन बेकसूर लोगों को हीं-जो आपके सच्चे दुश्मन नहीं हैं उन्हीं को–मारना पड़ेगा। अहिंसा की जो रीति गांधीजी ने हिन्दुस्तान में आजमाई, उसी के जरिये अगर चीन अपनी रक्षा करने की कोशिश करेगा-और गांधीजी की वह रीति चीन के महान धर्म-गुरूओं के उपदेश से बहुत ज़्यादा मेल खाती है-तो मैं बेधड़क कहूँगा कि यूरोप के शस्त्रयुद्ध की रीति की नकल करने के बजाय इस अहिंसा की रीति से उसे बहुत ज़्यादा सफलता मिलेगी। ...चीन की जनता, जो जगत की सब से ज़्यादा शान्तिप्रिय प्रजा है, जगत की किसी भी लड़ाकू प्रजा के बनिस्बत ज़्यादा लम्बे अरसे तक अपने को और अपनी संस्कृति को कायम रख सकी है, यह हक़ीकत हीं मानव-जाति के लिए एक सबक़ है। जो शूरवीर चीनी अपने देश के बचाव के लिए लड़ रहें हैं, उनके लिए हमें आदर नहीं है एसा आप न मानें। हम उनके त्याग और बलिदान की भारी कदर करते हैं और समझते हैं कि वे हम से भिन्न सिद्धान्तों में मानने वाले हैं। फिर भी हम तो मानते हैं कि हिंसा सब संजोगों में बुरी है और उसमें से अच्छे फल निकलना असम्भव है। अहिंसा का

पालन आपको तमाम दु:खों से उबार तो नहीं लेगा, लेकिन मैं मानता हूँ कि आपके सब शस्त्र-अस्त्रों और लश्करों के बनिस्बत अहिंसा एक अरसे के बाद आपके भावी विजेता के ख़िलाफ ज़्यादा असरकारक साबित होगी; और सबसे ज़्यादा महत्त्व {अहम} की बात तो यह है कि इससे आपकी प्रजा के आदर्श जीवित रहेंगे।

कुमारी रैथबोन ने एसी हीं एक समस्या {मसला, पहेली} रखी है। वे लिखती है :

'जालिम के सामने सिर झुका कर और अपनी अन्दर की आवाज़ के विरूद्ध चल कर अगर छोटे मुलायम बच्चों और बच्चियों को बचाया जा सकता हो, तो इस दुनिया में एसा कौन आदमी-सामान्य या संतपुरुष-है, जो उनकी हत्या होने देगा?' गांधी इस सवाल का जवाब नहीं देते। उन्होंने यह सवाल उठाया तक नहीं है। ...इस बारे में ईसा मसीह का कहना ज़्यादा स्पष्ट {साफ़} है। ...उनके शब्द ये हैं: 'मुझ पर श्रद्धा रखने वाले इन नन्हें मुन्नों के ख़िलाफ जो कोई हाथ उठाये, उसके गले में चक्की का पाट लटका कर उसे समुद्र के पानी में डुबो दिया जाय।' ...यों हमें इस बारे में गांधीजी के बनिस्बत ईसा मसीह की ओर से ज़्यादा मदद मिलती है...।

मुझे लगता है, ईसा मसीह के वचन सिर्फ़ उनका पुण्य-प्रकोप {पाक गुस्सा} प्रकट करते हैं, और उन्होंने जो कदम उठाने की बात कही है, वह गुनहगारों को कोई और आदमी सज़ा करे इसलिए नहीं, बल्कि गुनहगार ख़ुद अपने को प्रायश्चित्त {कफ़्फ़ारा} के तौर पर सज़ा दे इसलिए है। और क्या कुमारी रैथबोन को पक्का यकीन है कि जिसे वे ईसा का उपाय मानती हैं, उसे आजमाकर वे बालकों को मौत से बचा सकेंगी? गांधीजी ने यह सवाल उठाया हीं नहीं है, एसा उनका मानना सही नहीं है। उन्होंने यह सवाल उठाया है और उसका साफ़ साफ़ जवाब भी दिया है; जैसे 1300 बरस पहले उन अमर मुस्लिम शहीदों ने भी यह सवाल उठाया था और अपने काम से उसका जवाब दिया था। जालिम के सामने झुकने और अपनी अन्तर-आत्मा को धोखा देने के बजाय अपने बीबी-बच्चों को भूखे-प्यासे तड़पते हुए मरने देना हीं उन्होंने ज़्यादा पसन्द किया था; क्योंकि जालिम के सामने झुकने और अपनी अन्तर-आत्मा को धोखा देने का परिणाम यही होता है कि जालिम को नये नये जुल्म गुजारने का बढ़ावा मिलता है।

लेकिन कुमारी रैथबोन ने भी *हिन्द स्वराज्य* को 'बहुत भारी असरकारक पुस्तक' कहा है और लिखा है कि 'उसे पढ़कर, उसमें रही भारी प्रामाणिकता

{ईमानदारी} को देखकर अपनी प्रामाणिकता की जांच करना मेरे लिए ज़रूरी हो गया है। लोगों से मेरी बिनती है कि वे इस पुस्तक को ज़रूर पढ़ें।'

आर्यन पाथ मासिक के संपादकों ने यह *हिन्द स्वराज्य* अंक निकाल कर शान्ति और अहिंसा के कार्य की निर्विवाद {ख़सूसन्, बेशक} सेवा की है, एसा हमें कहना होगा।

हरिजन 10-9-1938 **महादेव हरिभाई देसाई**

[अंग्रेज़ी के गुजराती अनुवाद से]

[दूसरी संवर्धित अंग्रेज़ी आवृत्ति, नवजीवन, अहमदाबाद, 1939]

दो शब्द

लन्दन से दक्षिण अफ्रीका लौटते हुए गांधीजी ने रास्ते में जो सम्वाद लिखा और *हिन्द स्वराज्य* के नाम से छपवाया, उसे आज पचास बरस हो गये।

दक्षिण अफ्रीका के भारतीय लोगों के अधिकारों की रक्षा के लिए सतत लड़ते हुए गांधीजी 1909 में लन्दन गये थे। वहाँ कई क्रान्तिकारी स्वराज्य-प्रेमी भारतीय नवयुवक उन्हें मिले। उनसे गांधीजी की जो बातचीत हुई उसीका सार गांधीजी ने एक काल्पनिक सम्वाद में ग्रथित किया है। इस सम्वाद में गांधीजी के उस समय के महत्त्व के सब विचार आ जाते हैं। किताब के बारे में गांधीजी ने स्वयं कहा है कि 'मेरी राय में यह किताब एसी है कि यह बालक के हाथ में भी दी जा सकतीं है। यह द्वेषधर्म की जगह प्रेमधर्म सिखाती है; हिंसा की जगह आत्म-बलिदान को रखती है; पशुबल से टक्कर लेने के लिए आत्मबल को खड़ा करती है।' गांधीजी इस निर्णय पर पहुँचे थे कि पश्चिम के देशों में, यूरोप-अमेरिका में जो आधुनिक सभ्यता जोर कर रही है, वह कल्याणकारी नहीं है, मनुष्य-हित के लिए वह सत्यानाशकारी है। गांधीजी मानते थे कि भारत में और सारी दुनिया में प्राचीन काल से जो धर्म-परायण नीति-प्रधान सभ्यता चली आयी है वही सच्ची सभ्यता है।

गांधीजी का कहना था कि भारत से केवल अंग्रेज़ों को और उनके राज्य को हटाने से भारत को अपनी सच्ची सभ्यता का स्वराज्य नहीं मिलेगा। हम अंग्रेज़ों को हटा दें और उन्हीं की सभ्यता का और उन्हीं के आदर्श का स्वीकार करें तो हमारा उद्धार नहीं होगा। हमें अपनी आत्मा को बचाना चाहिए। भारत के लिखे पढ़े चंद लोग पश्चिम के मोह में फंस गये हैं। जो लोग पश्चिम के असर तले नहीं आये हैं, वे भारत की धर्म-परायण नैतिक सभ्यता को हीं मानते हैं। उनको अगर आत्मशक्ति का उपयोग करने का तरीक़ा सिखाया जाय, सत्याग्रह का रास्ता बताया जाय, तो वे पश्चिमी राज्य-पद्धति का और उससे होने वाले अन्याय का मुक़ाबला कर सकेंगे तथा शस्त्रबल के बिना भारत को स्वतन्त्र कर के दुनिया को भी बचा सकेंगे।

पश्चिम का शिक्षण और पश्चिम का विज्ञान अंग्रेज़ों के अधिकार के जोर पर हमारे देश में आये। उनकी रेलें, उनकी चिकित्सा और रूग्णालय, उनके न्यायालय और उनकी न्यायदान-पद्धति आदि सब बातें अच्छी संस्कृति के लिए आवश्यक नहीं है, बल्कि विघातक हीं हैं-वगैरा बातें बिना किसी संकोच के गांधीजी ने इस किताब में दी हैं।

मूल किताब गुजराती में लिखी गयी थी। उसके हिन्दुस्तान आते हीं बम्बई सरकार ने आक्षेपार्ह बताकर उसे जब्त किया। तब गांधीजी ने सोचा कि *हिन्द स्वराज* में मैंने जो कुछ भी लिखा है, वह जैसा का वैसा अपने अंग्रेज़ी जानने वाले मित्रों और टीकाकारों के सामने रखना चाहिए। उन्होंने स्वयं गुजराती *हिन्द स्वराज* का अंग्रेज़ी अनुवाद किया और उसे छपाया। उसे भी बम्बई सरकार ने आक्षेपार्ह घोषित किया।

दक्षिण अफ्रीका का अपना सारा काम पूरा करके सन् १९१५ में गांधीजी भारत आये। उसके बाद सत्याग्रह करने का जब पहला मौका गांधीजी को मिला, तब उन्होंने बम्बई सरकार के हुक्म के ख़िलाफ *हिन्द स्वराज* फिर से छपवाकर प्रकाशित किया। बम्बई सरकार ने इसका विरोध नहीं किया। तब से यह किताब बम्बई सरकार ने राज्य में, सारे भारत में और दुनिया के गम्भीर विचारकों के बीच ध्यान से पढ़ी जाती है।

स्व. गोखलेजी ने इस किताब के विवेचन को कच्चा कह कर उसे नापसन्द किया था और आशा की थी कि भारत लौटने के बाद गांधीजी स्वयं इस किताब को रद कर देंगे। लेकिन वैसा नहीं हुआ। गांधीजी ने एकाध सुधार कर के कहा कि आज मैं इस किताब को अगर फिर से लिखता, तो उसकी भाषा में ज़रूर कुछ सुधार करता। लेकिन मेरे मूलभूत विचार वही हैं, जो इस किताब में मैंने व्यक्त किये हैं।

गांधीजी के प्रति आदर और उनके विचारों के प्रति सहानुभूति रखने वाले दुनिया के बड़े बड़े विचारकों ने *हिन्द स्वराज* के बारे में जो संमति प्रगट की है, उसका सार श्री महादेव देसाई ने नई आवृत्ति की अपनी सुन्दर प्रस्तावना में दिया हीं है।

अहिंसा का सामर्थ्य, यन्त्रवाद का गांधीजी का विरोध और पश्चिमी सभ्यता तीनों के बारे में और सत्याग्रह की अन्तिम भूमिका के बारे में भी पश्चिम के लोगों ने अपना मतभेद स्पष्ट रूप से व्यक्त किया है।

गांधीजी के सारे जीवन-कार्य के मूल में जो श्रद्धा काम करती रही, वह सारी हिन्द स्वराज्य में पायी जाती है। इसलिए गांधीजी के विचारसागर में इस छोटी सी पुस्तक का महत्त्व असाधारण है।

गांधीजी के बताये हुए अहिंसक रास्ते पर चल कर भारत स्वतन्त्र हुआ। असहयोग, क़ानूनों का सविनय भंग और सत्याग्रह-इन तीनों कदमों की मदद से गांधीजी ने स्वराज्य का रास्ता तय किया। हम इसे चमत्कारपूर्ण घटना का त्रिविक्रम कह सकते हैं।

गांधीजी के प्रयत्न का वही हाल हुआ, जो दुनिया की अन्य श्रेष्ठ विभूतियों के प्रयत्नों का होता आया है।

भारत ने, भारत के नेताओं ने और एक ढंग से सोचा जाय तो भारत की जनता ने भी गांधीजी के द्वारा मिले हुए स्वराज्य-रूपी फल को तो अपनाया, लेकिन उनकी जीवन-दृष्टि को पूरी तरह अपनाया नहीं है। धर्मपरायण, नीति-प्रधान पुरानी संस्कृति की प्रतिष्ठा जिसमें नहीं है, एसी हीं शिक्षा-पद्धति भारत में आज प्रतिष्ठित है। न्यायदान पश्चिमी ढंग से हीं हो रहा है। इसकी तालीम भी जैसी अंग्रेज़ों के दिनों में थी वैसी हीं आज है। अध्यापक, वकील, डॉक्टर, इंजीनियर और राजनीतिक नेता-ये पांच मिलकर भारत के सार्वजनिक जीवन को पश्चिमी ढंग से चला रहें हैं। अगर पश्चिम के विज्ञान और यांत्रिक कौशल्य (Technology) का सहारा हम न लें और गांधीजी के हीं सांस्कृतिक आदर्श का स्वीकार करें, तो भारत जैसा महान देश साउदी अरेबिया जैसे नगण्य देश की कोटि तक पहुंच जाएगा, यह डर भारत के आज के सभी पक्ष के नेताओं को है।

भारत शान्ततावादी है, युद्ध-विरोधी है। दुनिया का साम्राज्यवाद, उपनिवेशवाद, शोषणवाद, राष्ट्र-राष्ट्र के बीच फैला हुआ उच्च-नीच भाव-इन सब का विरोध करने का कंकण भारत-सरकार ने अपने हाथ में बांधा है। तो भी जिस तरह के आदर्श का गांधीजी ने अपनी किताब हिन्द स्वराज्य में पुरस्कार किया है, उसका तो उसने अस्वीकार हीं किया है। स्वाभाविक है कि इस तरह के नये भारत में अंग्रेज़ी भाषा का हीं बोलबाला रहें। सिर्फ़ अमेरिका हीं नहीं, किन्तु रशिया, जर्मनी, चेकोस्लोवाकिया, जापान आदि विज्ञान-परायण राष्ट्रों की मदद से भारत यन्त्र-संस्कृति में जोरों से आगे बढ़ रहा है। और उसकी आन्तरिक निष्ठा मानती है कि यही सच्चा मार्ग है। पू. गांधीजी के विचार जैसे हैं वैसे नहीं चल सकते।

यह नई निष्ठा केवल नेहरूजी की नहीं, किन्तु करीब करीब सारे राष्ट्र की है। श्री विनोबा भावे गांधीजी के आत्मवाद का, सर्वोदय का और अहिंसक शोषण विहीन समाज-रचना का जोरों से पुरस्कार कर रहें हैं। ग्रामराज्य की स्थापना से, शान्तिसेना के द्वारा, नई तालीम के जरिये, स्त्री-जाति की जागृति के द्वारा वे मानस-परिवर्तन, जीवन-परिवर्तन और समाज-परिवर्तन का पुरस्कार कर रहें हैं। भूदान और ग्रामदान

के द्वारा सामाजिक जीवन में आमूलाग्र क्रान्ति करने की कोशिश कर रहें हैं। लेकिन उन्होंने भी देख लिया है कि पश्चिम के विज्ञान और यन्त्र-कौशल्य के बिना सर्वोदय अधूरा हीं रहेगा।

जब अमेरिका का प्रजासत्तावाद, रशिया और चीन का साम्यवाद, दूसरे और देशों का और भारत का समाजसत्तावाद और गांधीजी का सर्वोदय दुनिया के सामने स्वयंवर के लिए खड़े हैं, एसे अवसर पर गांधीजी की इस युगांतरकारी छोटी सी किताब का अध्ययन जोरों से होना चाहिए। गांधीजी स्वयं भी नहीं चाहते थे कि शब्द-प्रमाण की दुहाई देकर हम उनकी बातें जेसी की वैसी ग्रहण करें।

हिन्द स्वराज्य की प्रस्तावना में गांधीजी ने स्वयं लिखा है कि व्यक्तिश: उनका सारा प्रयत्न हिन्द स्वराज्य में बताये हुए आध्यात्मिक स्वराज्य की स्थापना करने के लिए हीं है। लेकिन उन्होंने भारत में अनेक साथियों की मदद से स्वराज्य का जो आन्दोलन चलाया, कांग्रेस के जैसी राजनीतिक राष्ट्रीय संस्था का मार्गदर्शन किया, वह उनकी प्रवृत्ति पार्लियामेन्टरी स्वराज्य के लिए हीं थी।

स्वराज्य के लिए अन्याय का, शोषण का और परदेशी सरकार का विरोध करने में अहिंसा का सहारा लिया जाय, इतना एक हीं आग्रह उन्होंने रखा है। इसलिए भारत की स्वराज्य-प्रवृत्ति का अर्थ उनकी इस वामनमूर्ति पुस्तक *हिन्द स्वराज्य* से न किया जाय।

गांधीजी की यह चेतावनी कांग्रेस के स्वराज्य-आन्दोलन का विपर्यास करने वालों के लिए थी। आज जो लोग भारत का स्वराज्य चला रहें हैं, उनके बचाव में भी यह सूचना काम आ सकतीं है। भारत के राष्ट्रीय विकास का दिन-रात चिन्तन करने वाले चिन्तक और नेता भी कह सकते हैं कि हमारे सिर पर *हिन्द स्वराज्य* के आदर्श का बोझा गांधीजी ने नहीं रखा था।

लेकिन अगर गांधीजी की बात सही है और भारत का और दुनिया का भला *हिन्द स्वराज्य* में प्रतिबिम्बित सांस्कृतिक आदर्श से हीं होनेवाला है, तो इसके चिन्तन का, नव-ग्रथन का और आचरण का भार किसी के सिर पर तो होना हीं चाहिए।

मैंने एक दफे गांधीजी से कहा था कि 'आपने अपनी स्वराज्यसेवा के प्रारम्भ में *हिन्द स्वराज्य* नामक जो पुस्तक लिखी उसमें आपके मौलिक विचार हैं, तो भी शंका होती है कि वे रस्किन, थोरो, एडवर्ड कारपेन्टर, टेलर, मैक्स नाई आदि लोगों के चिन्तन से प्रभावित हैं।' इन लोगों ने आधुनिक सभ्यता के दोष दिखाये हैं। विश्व-बंधुत्व की बुनियाद पर स्थापित पुरानी सभ्यता का इन लोगों ने पुरस्कार किया, इसलिए आपका *हिन्द स्वराज्य* पढ़ने से यही ख़याल होता है कि आप भूतकाल

को फिर से जाग्रत करने के पक्ष में हैं। आपको बार-बार कहना पड़ता है कि आप भूतकाल के उपासक नहीं हैं। मानव-जाति ने गलत रास्ते जितनी प्रगति की उतना रास्ता पीछे चलकर सच्चे रास्ते पर लगने के बाद आप फिर नीतिनिष्ठ, आत्मनिष्ठ रास्ते से नई हीं प्रगति करना चाहते हैं। तो :

"आपका जीवन-कार्य करीब करीब समाप्त होने आया है। भारत का स्वराज्य स्थापित होने की तैयारी है। एसे समय पर आप फिर से अपने जीवनभर के अनुभव और चिन्तन की बुनियाद पर एसी एक नयी हीं किताब क्यों नहीं लिखते, जिसमें भविष्य की एक हज़ार साल की महामानव संस्कृति का बीज दुनिया को मिले?" वे अपने कार्य में इतने व्यस्त थे और बिगड़ता हुआ मामला सुधारने की प्राणपण से चेष्टा करने के लिए इतने चिन्तित थे कि मेरी सूचना या प्रार्थना सुनने की भी उनकी तैयारी नहीं थी।

अब जब गांधीजी का दुनियावी जीवन पूरा हो चुका है और उनके लेखों का, भाषणों का, पत्रों का और मुलाकातों का अशेष संग्रह तैयार हो रहा है, तब आदर्श-संस्कृति के बारे में और उसे स्थापित करने के बारे में गांधीजी के विचार इकट्ठा कर के एसा एक प्रभावशाली चित्र किसी अधिकारी व्यक्ति को तैयार करना चाहिए, जिसे हम *हिन्द स्वराज्य* की परिणत आवृत्ति नहीं कहेंगे; उसे तो स्वराज्य-भोगी भारत का विश्वकार्य या एसा हीं कुछ कहना होगा।

जो हो, एसी एक किताब की बहुत हीं ज़रूरत है।

इसके मानी यह नहीं कि वह किताब इस हिन्द स्वराज्य का स्थान ले सकेगी। इस अमर किताब का स्थान तो भारतीय जीवन में हमेशा के लिए रहेगा हीं।

1 अगस्त, 1949 **काका कालेलकर**

[मूल हिन्दी]

[पहला हिन्दी संस्करण, नवजीवन, अहमदाबाद, 1949]

आज से करीब 106 साल पहले, सन 1909 में, दक्षिण अफ्रीका के ट्रान्सवाल प्रान्त में बसनेवाले हिन्दुस्तानी लोगों की समस्याओं के बारे में अंग्रेज सरकार के साथ मशवरा करने के लिए दो सदस्यों का प्रतिनिधिमण्डल लन्दन गया था। उन दो सदस्यों में से एक गांधीजी थे। लन्दन में चार महिनों तक रुकने के बाद *किलडोनन*

कॅसल नामक जल-जहाज़ में वे वापस लौटते थे। दस दिन के उस सफर के दरमियान गांधीजी की कलम से जो झरा वह उनके जीवन की प्रस्तावना बराबर था। शायद ही 37 साल की उम्र के गांधीजी अभी हिन्दुस्तान के किनारे छह साल बाद उतरने वाले थे। इसके पहले उन्होंने अपने आगे के जीवन का और स्वतन्त्र हिन्दुस्तान के राष्ट्रजीवन का मानो पथ-नकशा उस छोटी सी पुस्तक में रेखांकित किया। दक्षिण अफ्रीका पहुँचने के बाद रस्किन की पुस्तक अन्टु धिस लास्ट गांधीजी के जीवन में मार्ग-परिवर्तक बनी थी; तो, मानो उसी पुस्तक के विकसित स्वरूप में हिन्द स्वराज पुस्तक आयी।

यह ग्रन्थ अनेक कारणों से विशिष्ट है। गांधीजी की कलम से, गांधीजी के हस्ताक्षरों में, मातृभाषा गुजराती में, लिखा गया हो और उनके हस्ताक्षरों में ही छपा हो, ऐसा यह एक मात्र ग्रन्थ है। इसके अलावा सबसे महत्त्वपूर्ण बात यह है कि गांधी विचारधारा को समझने के लिए यह ग्रन्थ चाबी-रूप है और आज सौ वर्ष बाद भी यह विद्यमान है।